Reclams Städteführer Weimar

Reclams Städteführer · Architektur und Kunst

Weimar

Von Klaus Gallas

Mit 20 Abbildungen, 4 Plänen und 3 Karten

Reclam

2., durchgesehene und aktualisierte Auflage

RECLAMS UNIVERSAL-BIBLIOTHEK Nr. 19560
2012, 2019 Philipp Reclam jun. GmbH & Co. KG,
Siemensstraße 32, 71254 Ditzingen
Umschlagabbildung: Das neue Bauhaus-Museum neben dem
ehem. Gauforum (Foto: Klaus Gallas).
Druck und Bindung: Kösel GmbH & Co. KG,
Am Buchweg 1, 87452 Altusried-Krugzell
Printed in Germany 2019

ISBN 978-3-15-019560-4
www.reclam.de

Inhalt

Anhang

Weimar – die Stadt der Klassik

> Weimar war gerade nur dadurch interessant, dass nirgends [in Deutschland] ein Zentrum war. Es lebten bedeutende Menschen hier, die sich nicht miteinander vertrugen; das war das Belebendste aller Verhältnisse, regte an und erhielt jedem seine Freiheit.
>
> Friedrich von Müller (gen. Kanzler Müller), *Unterhaltungen mit Goethe*, 1830.

Weimar ist mehr als nur eine kleine Provinzstadt, nahezu mitten im Herzen von Deutschland. Wer sich mit ihr beschäftigt, eine Reise zu dieser Stadt der Klassik plant, der wird überrascht feststellen, dass sie nicht nur die Stadt Goethes und Schillers ist. Weimar ist sozusagen das »Who's who« der deutschen Dichter und Denker, Musiker und Künstler! Es verdient das Prädikat, eine »besondere Stadt« zu sein. Nicht ohne Grund wurden 1998 elf Denkmäler der Stadt als »Klassisches Weimar« in die Liste des UNESCO Welterbes eingetragen. Seit 1999 kann sich Weimar sogar Kulturhauptstadt Europas nennen.

Doch was ist das Geheimnis dieser Stadt? Was war und ist so faszinierend in und an Weimar, dass seit Jahrhunderten Menschen aller Genres den Weg hierher suchen und finden? Nennen wir es die »Heiligkeit« eines Ortes, die man zwar fühlen, aber nicht benennen kann. Die Faszination Weimars geht sicherlich nicht allein auf das Leben und die Werke Goethes und Schillers zurück. Die Wurzeln der Wirkungsstätte der deutschen Klassik, dort, wo sich für einige Jahrzehnte der Humus des deutschen Bildungsbürgers herausgebildet hat, reichen weiter zurück als bis zur Zeit Goethes und zu der Epoche von Herzogin Anna Amalia, die die Seele der deutschen Klassik war. Das, was in der klassischen Epoche Griechenlands

Delphi war, das Orakel, das von Herrschern aus der gesamten damaligen antiken Welt besucht wurde, das war Weimar für Deutschland, und das ist es teilweise noch heute. Weimar und das kleine Fürstentum Sachsen-Weimar-Eisenach waren zu Goethes Zeiten das Mekka der Kunst und der Wissenschaft Deutschlands. Aufklärung und Humanismus nahmen hier ihren Anfang, was Goethe auch mit folgenden Worten ausdrückt:

O Weimar! dir fiel ein besonder Loos!
Wie Bethlehem in Juda, klein und groß,
Bald wegen Geist und Witz beruft dich weit
Europens Mund, bald wegen Albernheit.
Der stille Weise schaut und sieht geschwind,
Wie zwei Extreme nah verschwistert sind.

Goethe, *Werke* (Sophien-Ausg.), Abt. I 16, 1894.

Die uralte »Heiligkeit« Weimars mag sich bereits in dem alten Namen *Wimares* bzw. *Wimar* verbergen. Diese setzen sich zusammen aus dem altgermanischen *wih* (›heilig‹) und dem althochdeutschen *mar* (›Wasser, See, Sumpf‹). Eine Urkunde des römisch-deutschen Kaisers Arnulf aus dem Hause der Karolinger erwähnt bereits 899 den Namen »Vvigmara«, der allgemein mit Weimar identifiziert wird. Die genaue Lage von Vvigmara konnte jedoch bisher noch nicht lokalisiert werden. Dennoch gilt diese Erwähnung in der Stadtgeschichte Weimars als die älteste urkundliche Quelle. 975 nennt eine Urkunde des römisch-deutschen Kaisers Otto II. für das Kloster Fulda den Namen »Wimares« – er bezieht sich aber wahrscheinlich nicht auf Weimar, sondern auf Wechmar bei Gotha. Erste Erwähnung des Namens »Wimare« hingegen existiert in einer Urkunde aus dem Jahr 1249 des Nonnenklosters der Zisterzienser in Oberweimar, das kurz vor 1244 von Graf Hermann II. von Orlamünde gegründet wurde. 1254 spricht eine Urkunde von Graf Hermann III. erstmals von einer Stadt: »in civitate nostra Wimare«. In Oberweimar wie auch in Weimar selbst entstanden bereits im 13. Jh. je eine Kirche mit dem Patrozinium der Apostel Petrus und Paulus. Die »Urkirche« in den Niederungen des Ilmufers und dem Landschaftsraum an den Hängen des Ettersberges datiert ins 12. Jh.: Schon 1168 erhielt die Siedlung auf dem Jakobshügel ihre erste Kirche, die dem hl. Jakob geweiht wurde. Diese kleine Siedlung ist der eigentliche Ursprung Weimars. Von hier aus breitete sich in den kommenden Jahrhunderten die Stadt zum herzoglichen Fronhof (das heutige Stadtschloss) an der Ilm und nach Süden hin aus.

Diese kirchengeschichtliche Konstitution in Verbindung mit der Gründungsgeschichte der Stadt Weimar und ihrem »heiligen« Namen mag vielleicht erklären, warum die Stadt Jahrhunderte später im Zusammenhang mit der Wartburg und Martin Luther eine solch elementare Anziehungskraft und Wirkung haben sollte. Während auf der Wartburg Luther die Bibel übersetzte (1522/34) und gleichzeitig die nationale Einheit forderte, wurde Weimar das Zentrum des Protestantismus. Luther weilte hier zwischen 1517 und 1525 mehrfach auf der Durchreise. Beides konnte aber nur unter dem Schutz der Ernestiner aus dem Hause Wettin (Sachsen/Dresden) mit ihrer herzoglichen Residenz in Wittenberg geschehen. Doch die sich hier ankündigende Verknüpfung von kirchlicher und weltlicher Macht war kein Segen für das deutsche Volk.

Lucas Cranach d. J., ein Zeitgenosse Luthers, hat die Bedeutung der protestantischen Bewegung und Luthers in einem wunderbaren Werk festgehalten, das sein Vater, Lucas Cranach d. Ä., begonnen hatte: In seinem Altarbild in der Stadtkirche von Weimar (s. S. 50), auf dem er neben Martin Luther auch

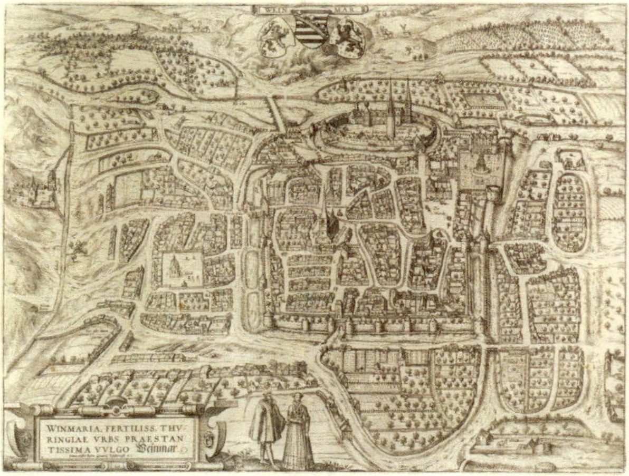

Die Altstadt von Weimar, 1569, von Johannes Wolf

sich selbst dargestellt hat, dokumentiert Cranach eindrucksvoll protestantische Glaubensinhalte mit neuen ikonografischen Akzenten.

Und genau zu dieser Zeit, um 1500, als sich das höfische Leben in Weimar mit dem Herzogtum immer stärker etablierte, entwickelte sich die Bevölkerungszahl aufgrund des Zuzugs von Verwaltungsbeamten für das Herzogtum in gut einem halben Jahrhundert von 1800 Einwohnern, die in 300 Häusern lebten, bis zum Jahr 1556 auf 3287 Bewohner und 608 Häuser. Damit wurde Weimar zu einer Kleinstadt, die wir uns aber nicht pittoresk, sondern eher grau in grau vorstellen müssen. In den ungepflasterten, sandigen engen Gassen gab es keine Kanalisation. Wie in anderen Städten dieser Zeit auch, landeten der Müll und die Kloake direkt auf den Gassen. Der Mist der meist bäuerlichen Anwesen lagerte oft tagelang auf den Straßen. Auch »Verkehrsprobleme« gab es damals schon: morgens und abends, wenn das Vieh zur Weide bzw. nach Hause getrieben wurde, waren die Zustände in der Stadt chaotisch. Der unerbittliche Winter bereitete Probleme. Weimar lag an keiner Handelsstraße und litt deshalb bei tiefem Frost oft unter Versorgungsengpässen. Wenn die Brunnen zugefroren waren, mangelte es zudem an frischem Wasser. Und im Frühjahr, bei der ersten Schneeschmelze, überfiel die Stadt ein bestialischer Gestank. Die hygienischen Verhältnisse waren katastrophal, was allein die Tatsache belegt, dass die Säuglingssterblichkeit bei 20–30 % lag! Auch die Lebenserwartung der Menschen betrug nur knapp 30 Jahre. Selten nur wurde ein Bewohner 40 Jahre alt.

Nimmt man an, dass die Lebensbedingungen zur Zeit Goethes nicht besser waren – mit 82 Jahren erreichte dieser für seine Zeit ein ausnehmend hohes Alter –, dann liest man dessen Verse im »Osterspaziergang« aus einem ganz neuen und ungeahnten Blickwinkel. Sie vermitteln den Drang der Menschen nach dem harten Winter zur Sonne, zum Licht, zur blühenden und duftenden Natur:

Vom Eise befreit sind Strom und Bäche
Durch des Frühlings holden, belebenden Blick,
Im Tale grünet Hoffnungs-Glück;
Der alte Winter, in seiner Schwäche,
Zog sich in raue Berge zurück.
[...]
Aus dem hohlen finstern Tor
Dringt ein buntes Gewimmel hervor.
Jeder sonnt sich heute so gern.
Sie feiern die Auferstehung des Herrn,

Denn sie sind selber auferstanden,
Aus niedriger Häuser dumpfen Gemächern,
Aus Handwerks- und Gewerbes-Banden,
Aus dem Druck von Giebeln und Dächern,
Aus der Straßen quetschender Enge,
Aus der Kirchen ehrwürdiger Nacht
Sind sie alle ans Licht gebracht.
[...]
Ich höre schon des Dorfs Getümmel,
Hier ist des Volkes wahrer Himmel,
Zufrieden jauchzet Groß und Klein:
Hier bin ich Mensch, hier darf ich's sein!

Goethe, *Faust* I (»Osterspaziergang«).

Man schrieb das Jahr 1703, als Johann Sebastian Bach für nur wenige Monate nach Weimar kam; später, 1708–17, läutete er als Hoforganist und Solist für Violine am Hofe der Herzöge Wilhelm Ernst I. und Ernst August I. von Sachsen-Weimar eine neue Epoche der deutschen Musikgeschichte ein (Ernst August I. war 1741–48 auch Herzog von Sachsen-Weimar-Eisenach). Während Bachs Zeit in Weimar entstanden viele seiner berühmten Orgelwerke (Fugen und Präludien, Toccaten, Passacaglia c-Moll und ein Großteil des Orgelbüchleins mit 44 Choralvorspielen).

Jahrzehnte später befasste sich Goethe in Weimar mit dem persischen Dichter Hafez und dem Islam: Sein *West-östlicher Divan* mit seiner leidenschaftlichen Auseinandersetzung mit Hafez' Gedichten ist ein wichtiges Beispiel für die geistige Kraft des Islam. Goethes Worte erhalten gerade in der heutigen Diskussion über die Integration islamischer Mitbürger neue Bedeutung und Aktualität:

Schon im vorigen Jahre waren mir die sämtlichen Gedichte Hafis in der von Hammerschen Übersetzung zugekommen, und wenn ich früher den hier und da in Zeitschriften übersetzt mitgeteilten einzelnen Stücken dieses herrlichen Poeten nichts abgewinnen konnte, so wirkten sie doch jetzt zusammen desto lebhafter auf mich ein, und ich musste mich dagegen produktiv verhalten, weil ich sonst vor der mächtigen Erscheinung nicht hätte bestehen können. Die Einwirkung war zu lebhaft, die deutsche Übersetzung lag vor, und ich musste also hier Veranlassung finden zu eigener Teilnahme. Alles was dem Stoff und dem Sinne nach bei mir Ähnliches verwahrt und gehegt worden, tat sich hervor, und dies mit um so mehr Heftigkeit, als ich höchst nötig fühlte mich aus der wirklichen Welt, die sich selbst offenbar und im stillen bedrohte, in eine ideelle zu flüchten, an welcher vergnüglichen Teil zu nehmen meine Lust, Fähigkeit und Willen überlassen war.

Goethe, *Aus den Tag- und Jahresheften*, 1815.

Die Geisteswelt dieser Epoche ist der Ursprung der Klassik in Weimar, einer Kleinstadt von damals etwa 6000 Einwohnern. Doch die Zeit der Klassik geht nicht allein auf Goethe zurück. *Die* herausragende Persönlichkeit, die Wegbereiterin der Klassik war *Anna Amalia.* Sie war die Seele der Weimarer Klassik. Im Alter von nur sechzehn Jahren kam sie, Tochter Herzog Karls I. von Braunschweig-Wolfenbüttel aus dem Welfengeschlecht, 1756 nach Weimar, heiratete (in Braunschweig) den nur zwei Jahre älteren Ernst August II. Constantin und gebar am 3. September 1757 den ersehnten Thronfolger Carl August für das Großherzogtum Sachsen-Weimar-Eisenach. Doch das Eheglück des jungen Paares stand unter keinem guten Stern. Schon lange kränkelte der Gemahl, und er starb bereits wenige

Monate später, am 28. Mai 1758. Im Sommer desselben Jahres brachte die junge Witwe Anna Amalia ihren zweiten Sohn Friedrich Ferdinand Constantin zur Welt.

Völlig unvorbereitet lag plötzlich nicht nur die Erziehung ihrer Kinder, sondern ganz besonders auch durch die Vormundschaft für Carl August die damit verbundene schwere Verantwortung für das Herzogtum Sachsen-Weimar-Eisenach allein auf ihren Schultern. Doch ihre eigene Erziehung und Ausbildung als Prinzessin des Hochadels am Braunschweiger Hof in Wolfenbüttel waren ein Garant für das Gelingen dieses Unterfangens. Wissenschaft und Kunst, Musik, Literatur und Sprachen, all das hatte sie am Hofe ihrer Eltern gründlich studiert. Neben Französisch und Griechisch beherrschte Anna Amalia auch Latein. Sie setzte mit ihrer Bildung neue Maßstäbe in Weimar und förderte die schönen Künste und die Wissenschaft auch am Hofe von Sachsen-Weimar-Eisenach. Hier in Weimar trat Anna Amalia aus dem Schatten des glanzvollen Geschehens in Wolfenbüttel und konnte ihre eigenen Ziele verwirklichen.

Durch ihre Mutter Philippine Charlotte von Preußen war Anna Amalia zugleich die Nichte König Friedrichs II. von Preußen. Aufgrund dieser Familienbindungen stand sie in gutem Verhältnis zum preußischen Königshaus in Berlin. Und so widersetzte sie sich nach dem Tod ihres Gemahls erfolgreich dem Ansinnen des Hofes, für ihren Sohn Carl August einen Vormund einzusetzen, und übernahm diese Rolle selbst. Auch ihr Entschluss, dass jedwede Depesche, jeder Brief und jedes Schreiben an den Hof des Herzogtums nur von ihr selbst geöffnet werden durfte, zeigt, mit welcher Tatkraft und Entschlossenheit die junge Witwe die Rolle der Regentin und Mutter ausfüllte. Anna Amalia beschrieb diese schwere Zeit sensibel und einfühlsam in *Meine Gedanken*:

Nachdem der erste Sturm vorüber war, dass ich mich mit mehr Ruhe und Gelassenheit selber fühlen konnte, war meine erste Empfindung, dass meine Eitelkeit und Eigenliebe erwachte. Regentin zu sein, unabhängig zu schalten und zu walten (in denen jungen Jahren!), konnte wohl nichts anderes hervorbringen. Eine heimliche Stimme aber rief mir zu: ich hörte sie an und kehrte in mich zurück. Da stand ich nun ganz nackend; meine Eigenliebe wurde gedemütigt durch das Gefühl meines Unvermögens. Ich sah auf einmal das Große, was auf mich wartete, und fühlte dabei meine gänzliche Untüchtigkeit. Wahrheit und Eigenliebe kämpften: zum Glück, dass Wahrheit die Oberhand behielt.

Anna Amalia, *Meine Gedanken* (in: Wilhelm von Bode, *Amalie, Herzogin von Weimar*, Bd. 1, 1908).

1772 übernahm Christoph Martin Wieland als herzoglicher Hofrat die Erziehung der mittlerweile zu jungen Männern herangewachsenen Prinzen. Er war in dieser Epoche einer der bedeutendsten Aufklärer Deutschlands. Schon damals gehörte Weimar zu den großen geistigen Zentren des deutschsprachigen Kulturraumes, was Wieland sicherlich bewogen hat, dem Ruf Herzogin Anna Amalias nach Weimar zu folgen. Hier konnte er mit der Erziehung der beiden Prinzen seine pädagogischen und philosophischen Ideale verwirklichen und noch dazu nach französischem Vorbild eine Literaturzeitung herausgeben (*Der Teutsche Merkur*).

Nachdem die Herzogin 1775 ihrem nun mündigen 18-jährigen Sohn Carl August die Regentschaft übergeben hatte, lebte Anna Amalia bis zu ihrem Tod 33 Jahre im Wittumspalais. In dieser Zeit etablierte sie die »Tafelrunde«, die in Weimar zum kulturellen Mittelpunkt für Dichter, Musiker und Künstler, für Wissenschaftler und bürgerliche Intellektuelle wurde. Im Wittumspalais trafen sich alle geistigen Größen und Besucher des herzoglichen Hofes der damaligen Zeit. Hier, in dem kleinen, aber prunkvollen Festsaal und im Tafelrundezimmer, gedieh der geistige Humus des »Musenhofes« von Weimar, der in allen Herzogtümern Deutschlands mit hohem Respekt bewundert wurde. Goethe und Schiller wie viele andere geistige Größen ihrer Zeit gehörten quasi zu den »Stammgästen« der Herzogin.

Schon 1775, dem Jahr der Übergabe der Regentschaft, hatte Anna Amalia ihrem Sohn geraten, Goethe nach Weimar zu holen. Dieser, erst 26-jährig, folgte dem Ruf des jungen Herzogs Carl August – hier begegneten sich zwei junge Männer, deren sich entwickelnde tiefe Freundschaft zur Grundlage für die kulturelle Blüte der Stadt wurde. Auf Goethes Einladung wiederum folgte Johann Gottfried Herder 1776 als Generalsuperintendent an die Stadtkirche von Weimar. Zu diesem geistigen Dreigestirn kam 1799 Friedrich Schiller hinzu, der fortan bis zu seinem Tod in Weimar lebte. Zwei Jahre nach Schiller starb auch die Herzogin, am 10. April 1807, im Alter von 68 Jahren im Wittumspalais. Die Anteilnahme in der Bevölkerung und bei den Repräsentanten des Hofes war überwältigend. Goethe ehrte Anna Amalia mit einem Entwurf für eine Grabinschrift in der Stadtkirche St. Peter und Paul zu Weimar (Herderkirche), die aber nie ausgeführt wurde:

> Anna Amalia / zu Sachsen / Geborne zu Braunschweig / erhabnes verehrend / Schönes geniesend / Gutes wirkend / Förderte Sie alles / was Menschheit / ehrt ziert bestätigt / sterblich / von / 1739–1807 / unsterblich nun / fortwirkend / fürs / Ewige

Goethe, *Sämtliche Werke* (Münchner Ausg.), Bd. 9, 1987.

Bleibt man bei diesem »Who's who« deutscher Gelehrter, stellt man fest, dass Weimar nicht nur die Stadt der Dichter und Denker war – bis zum 20. Jh. zog es beständig Geistesgrößen aller Genres an. Neben Johann Sebastian Bach machten auch andere namhafte Komponisten die Stadt mit Interpretationen musikalischer Meisterwerke und Premieren von Neuschöpfungen zu einem Zentrum der Musik. Die Anziehungskraft, die Weimar besonders zur Zeit Anna Amalias auf Dichter und Denker, Komponisten und Literaten ausübte, ist beispiellos.

So war Felix Mendelssohn Bartholdy bereits als hochbegabter Zwölfjähriger zusammen mit seinem Vater Gast bei Goethe, der ihn als »himmlisch, kostbaren Knaben« bezeichnete. Jeden Sonntag fanden seit 1807 im Junozimmer im Goethehaus am Frauenplan »vor großer Gesellschaft« Musikveranstaltungen statt. Für viele junge Musiker war es eine große Ehre, dort auftreten zu dürfen. Neben Felix Mendelssohn Bartholdy spielten dort auch Niccolò Paganini, Carl Maria von Weber und Clara Wieck, die spätere Ehefrau von Robert Schumann (seit 1840).

Nach dem »Goldenen Zeitalter« der Klassik Anna Amalias folgte das »Silberne Zeitalter« von Maria Pawlowna und ihrem Sohn Carl Alexander. Mit dieser hatte Weimar eine zweite herausragende Frau, die der Stadt musikalischen Glanz verlieh. Die Tochter des russischen Zaren Paul I. heiratete 1804 in jungen Jahren Carl Friedrich, Sohn von Carl August. Sie förderte teilweise mit privaten Mitteln das kulturelle Geschehen in Weimar und verpflichtete den Musiker Johann Nepomuk Hummel und Franz Liszt, den meisterhaften Klaviervirtuosen seiner Zeit, der 1841 sein erstes großes Konzert in Weimar gab und von 1842 bis 1859 die Anstellung als Kapellmeister am herzoglichen Hofe von Weimar übernahm. Johann Nepomuk Hummel war ab 1819 Hofkapellmeister in Weimar. Später übernahm er als Musiklehrer die musische Erziehung der Herzogin Augusta von Sachsen-Weimar-Eisenach, Tochter von Carl Friedrich und Maria Pawlowna bzw. Urenkelin von Anna Amalia. Augusta heiratete 1829 König Wilhelm von Preußen, den späteren deutschen Kaiser (ab 1871). Richard Wagner brachte 18 Jahre nach Goethes Tod, 1850, am 28. August (Goethes Geburtstag), seinen *Lohengrin* in Weimar erstmals auf die Bühne. Richard Strauss (seit 1889 Großherzoglicher Kapellmeister) leitete dort 1893 die Uraufführung von Engelbert Humperdincks Oper *Hänsel und Gretel*.

1890 engagierte Großherzogin Sophie von Sachsen-Weimar-Eisenach den österreichischen Philosophen Rudolf Steiner. Sophie war die Schwiegertochter und zugleich Nichte von Maria Pawlowna; ihre Mutter Anna Pawlowna, Königin der Niederlande, war die Schwester von Maria Pawlowna. Die Großherzogin setzte sich sehr für wissenschaftliche und soziale Belange in ihrem Herzogtum ein. Neben den Blinden- und Taubstummeneinrichtungen in Weimar förderte sie vor allem die Nachlassverwaltung von Goethes Werken, und eben für diese Arbeit holte sie Steiner nach Weimar. Er war bis 1896 Mitarbeiter im Goethe-Schiller-Archiv, das 1885 von Großherzogin Sophie als Goethe-Archiv gegründet wurde und 1889 mit dem dazugekommenen Nachlass Schillers zu »Goethe-Schiller-Archiv« umbenannt wurde. Der Philosoph und Soziologe gilt als Begründer der Anthroposophie und der Waldorfschule, die noch heute weit über Deutschlands Grenzen hinaus große Achtung genießt. Während seiner Weimarer Zeit war er Mitherausgeber der einzigen und umfassenden historisch-kritischen Goethe-Werkausgabe, die von Großherzogin Sophie in Auftrag gegeben worden war. Sie erschien zwischen 1897 und 1919 und wird nach der Großherzogin »Sophienausgabe« (auch »Weimarer Ausgabe«) genannt.

Elisabeth Förster-Nietzsche, Schwester des berühmten Philosophen Friedrich Nietzsche, und Harry Graf Kessler legten gemeinsam einen neuen geistigen Grundstein für die weitere kulturelle Entwicklung der Residenzstadt. Sie konnten den seit dem 7. Januar 1901 regierenden Großherzog Wilhelm Ernst II. von Sachsen-Weimar-Eisenach davon überzeugen, dass der international anerkannte belgische Architekt und Maler Henry van de Velde die geeignete Persönlichkeit für den geistig-kulturellen Umbruch in Weimar und Thüringen sei. Als künstlerischer Berater des Großherzogs wurde van de Velde im April 1902 beauftragt, das »Kunstgewerbliche Seminar« zu gründen. Doch van de Veldes Ziel war eine »Kunstgewerbeschule« – diese Ausbildungsstätte für Web-, Stickerei-, Metall- und Goldschmiedearbeiten sowie für Buchbinderei und Teppichknüpferei wurde im Oktober 1907 mit finanzieller Unterstützung des Großherzogs eröffnet. Als deren Leiter setzte van de Velde 1902–15 Maßstäbe auf dem Gebiet des Kunsthandwerks. Doch der Erste Weltkrieg brachte die Wende. Van de Velde sah sich aufgrund von Ausländerfeindlichkeit in Deutschland 1914 gezwungen, seine Stellung zu kündigen, führte sie aber – den Schülern zuliebe – noch bis zum 1. Oktober 1915 weiter aus. Er wurde zum »meldepflichtigen Ausländer«. 1917 erhielt er die Ausreisegenehmigung für die Schweiz, musste aber seine Familie zurücklassen, die ihm erst nach Kriegsende folgen durfte. Henry van de Velde war der Hauptvertreter des abstrakten Jugendstils mit klarer Ornamentik. Sein »Neuer Stil« breitete sich in ganz Europa aus. Weimar war nun wieder Anziehungspunkt für die kulturelle Elite Europas.

Auf van de Veldes Vorschlag wurde Walter Gropius beauftragt, aus den beiden Institutionen in Weimar, der 1915 geschlossenen »Kunstgewerbeschule« und der »Kunstschule«, eine neue Bildungseinrichtung zu formen. Gropius eröffnete am 12. April 1919 das »Staatliche Bauhaus«, das er bis 1925 in Weimar und von 1925 bis 1932 in Dessau leitete. Die am Bauhaus Lehrenden waren nicht als Professoren, sondern als Form-

oder Werkmeister tätig. Jeder Einzelne von ihnen war ein ausgewiesener Meister seines Fachs: Joseph Albers, Lyonel Feininger, Wassily Kandinsky, Paul Klee, Gerhard Marcks, Ludwig Mies van der Rohe, Oskar Schlemmer und viele andere.

Früher als anderswo in Deutschland waren in Weimar die neue dunkle Epoche, der Umbruch, die Vorboten der nationalsozialistischen Zeit zu erahnen. Lange bevor man am 19. Juli 1937 in München die Ausstellung »Entartete Kunst« eröffnete, wurden die Künstler der Moderne systematisch aus Weimar vertrieben. Die politischen Ereignisse überschlugen sich: Nach dem verlorenen Ersten Weltkrieg verzichtete am 9. November 1918 Großherzog Wilhelm Ernst II. im Zusammenhang mit den Wirren der Novemberrevolution 1918 für sich und seine Nachkommen »für alle Zeit auf den Thron und die Thronnachfolge im bisherigen Großherzogtum Sachsen-Weimar-Eisenach«. Fortan war Weimar keine Residenzstadt mehr. Vom 6. Februar bis zum 11. August 1919 tagte die Nationalversammlung im Deutschen Nationaltheater, um die Reichsverfassung zu beschließen. Weimar wurde am 1. Mai 1920 Hauptstadt des auf der Nationalversammlung neu gegründeten Landes Thüringen, zusammengesetzt aus sieben kleinen ehemals souveränen Fürsten- und Herzogtümern. Schon zu dieser Zeit zeichnete sich der Niedergang des kulturellen Lebens und der von van de Velde und Gropius geschaffenen modernen Kunst in Weimar ab. Erdrutschartig veränderte sich bei der Wahl des dritten Thüringischen Landtages (10. Februar 1924) das politische Machtgefüge. Die Sozialdemokratische Partei konnte zwar ihren Stimmenanteil mit 23,14 % halten, doch der sog. Thüringische Ordnungsbund kam auf 48,02 %. Gropius und sein Bauhaus wurden politisch und finanziell unter Druck gesetzt. Die Regierung kürzte den Bauhaus-Etat um etwa 50 %, der Lehrbetrieb musste eingestellt werden. Ein Jahr später beschloss Gropius mit seinem Meisterrat, Weimar zu verlassen. Das Weimarer Bauhaus wurde 1925 aufgelöst. In Dessau fand Gropius mit Hugo Junkers, dem wohlhabenden Flugzeugbauer, einen honorigen Mäzen und konnte hier das Dessauer Bauhaus aufbauen, das er bis 1928 leitete. »Bauen bedeutet Gestaltung von Lebensvorgängen«, legte Gropius seine Lehrmaxime nieder. Doch nachdem die NSDAP 1931 in Dessau die Gemeindewahlen gewonnen hatte, zeichnete sich auch hier ein Ende ab. 1932 zog die Institution unter Leitung von Ludwig Mies van der Rohe von Dessau nach Berlin um, wo sie aber bereits 1933 von den Nationalsozialisten endgültig als »entartet« eingestuft und geschlossen wurde.

Die politische Entwicklung in Thüringen und Weimar im Besonderen nutzte Hitler als Sprungbrett von München nach Berlin. Am 3./4. Juli 1926 hielt er in Weimar seinen zweiten NSDAP-Parteitag ab. Erstmals war die NSDAP nach den thüringischen Landtagswahlen vom 8. Dezember 1929 mit 11,29 % der Stimmen (Weimar: 26,4 %) in einem deutschen Landtag vertreten. In keinem anderen Land der Republik erhielt die Partei zu dieser Zeit einen so hohen Stimmenanteil wie in Thüringen (Preußen 1928: 1,84 %, Bayern 1928: 6,13 %!).

An dem Ort, auf dem Ettersberg, wo Goethe einst mit Eckermann unter Buchen und Eichen spazieren ging, wo er mit Charlotte von Stein unter der »Goethe-Eiche« gepicknickt haben soll, wo er Freunden Gedichte vorlas, genau hier errichteten die Nationalsozialisten eines der größten Konzentrationslager des Reiches: Buchenwald, das zum Synonym für nationalsozialistisches Verbrechen geworden ist. Allerdings blieb beim Roden des Waldes aus sentimentalen Anwandlungen und dem Hang der SS zur Eichensymbolik die »Goethe-Eiche« stehen; erst bei einem Luftangriff im August 1944 wurde sie durch eine Brandbombe zerstört.

Widerstand gegen die Gründung des Konzentrationslagers

außerhalb der Stadt gab es in Weimar nicht. Lediglich die Namensgebung für das Lager war für die NS-Kulturgemeinde von Bedeutung. Der vorgesehene Name »KL Ettersberg« wurde abgelehnt, da er zu viel Nähe zum Dichterfürst Goethe barg. Die Klassik und die »nicht entartete« Kultur und Kunst von Goethe, Schiller und ihresgleichen wurden von den Nationalsozialisten instrumentalisiert. Terror und brutale Gewalt bestimmten das kulturelle Leben in Weimar. Schließlich verfügte Heinrich Himmler als Reichsführer-SS, dass das Lager die offizielle Bezeichnung »Buchenwald / Post Weimar« bekam. Am 15. Juli 1937 trafen die ersten 149 Gefangenen aus dem KZ Sachsenhausen im Arbeitslager Buchenwald ein. Ende des Jahres waren es bereits 2561 Gefangene, 48 Menschen verstarben und wurden im städtischen Krematorium von Weimar eingeäschert. Am 11. April 1945 konnten etwa 21 000 Gefangene (davon 904 Kinder) von der 6. Panzerdivision der 3. US-Armee befreit werden. Von Juli 1937 bis April 1945 waren 238 980 Menschen aus 35 Nationen in Buchenwald inhaftiert gewesen, über 56 000 Menschen in Buchenwald und seinen Außenlagern waren Opfer der brutalen Gewalt des Terrorregimes der Nazis geworden.

Das Entsetzen der Befreier war grenzenlos. Fassungslos und geschockt über die Gräueltaten, die General George S. Patton in Buchenwald bezeugt sah, befahl er am 15. April 1945 mehr als eintausend Weimarer Bürgern, sich das Unfassbare in Buchenwald mit eigenen Augen anzusehen. Doch die Weimarer versuchten den Blick von den Leichenbergen abzuwenden und beteuerten, sie hätten »von all dem nichts gewusst«.

Von 1938 bis 1945 war der Bahnhof in Weimar für die Nationalsozialisten »Umschlagplatz für Menschen aus ganz Europa«. Erst 1944, als die Buchenwald-Häftlinge den Bahnkörper bis nach Buchenwald fertiggestellt hatten, fuhren die Züge mit den ankommenden Häftlingen direkt bis zum Lager. Umgekehrt wurden vom neuen Bahnhof Buchenwald aus die nicht mehr arbeitsfähigen Häftlinge in die Vernichtungs- und Todeslager geschickt, wie etwa nach Auschwitz. Bereits 1939 waren mehr als 50 % der Erwerbstätigen der Stadt Weimar Beamte der Verwaltung der nationalsozialistischen Diktatur. Für eine »Tagesmiete« von zwei bis sechs Mark konnten Häftlinge von Weimarern in der Stadt privat »gemietet« werden. Anfangs waren nur zwölf, später (1945) waren bis zu 96 Häftlingskommandos mit je etwa 20 bis 30 Häftlingen in der Stadt tätig, alle erkennbar an ihrer gestreiften blauen Kleidung. Vom ehem. Gauforum (dem heutigen Atrium-Einkaufszentrum) aus fuhr täglich ein Bus nach Buchenwald. Sonntags mag manche Weimarer Familie damit zur Falknerei in der Nähe der SS-Villen gefahren sein. Es gab auch einen kleinen SS-Zoo (südlich vom heutigen Parkplatz), direkt am Stacheldraht vor dem Lagertor, angelegt für die Familien der SS-Offiziere, für offizielle Gäste der Kommandantur und die Familien der Wachmannschaft. Der Blick ins Lager, zu den geschundenen, abgemagerten Häftlingen war wohl unvermeidbar … Die Geschäfte mit Buchenwald blühten, sie waren ein wichtiger Wirtschaftsfaktor für die Stadt. Es gab aber auch Bürger in Weimar, die nicht wegschauten, die trotz der angedrohten Strafen den Gefangenen, die in der Stadt arbeiteten, zu essen gaben und halfen. Manche nahmen versteckt Briefe von Häftlingen entgegen und leiteten sie an deren Familien weiter.

Auch in der DDR-Zeit wurden Goethe, Schiller und andere geistige Größen der Weimarer Klassik von der Politik instrumentalisiert. Die SED stellte sich als einziger und legitimer Erbe der Klassik dar, Weimar erhielt innerhalb der DDR einen Sonderstatus. Alles, was mit Goethe zu tun hatte, diente politischen Zielen: Goethe wurde zum Vorreiter des Kollektivismus erklärt, wurde als Kronzeuge für die politischen Ziele der DDR vereinnahmt. Ziel der Kulturpolitik in der DDR war es, als legitimer Erbe der Klassik ein »anderes und besseres Deutschland« aufzubauen. Mit großem Aufwand wurde dann auch der 200. Geburtstag Goethes am 28. August 1949 in Weimar (wie auch in Frankfurt a. M. in der BRD) gefeiert. Ein Höhepunkt war damals der Besuch von Thomas Mann in Weimar, der wie ein hoher Staatsgast empfangen wurde. Am 1. August 1949 hielt er im Deutschen Nationaltheater Weimar genau die gleiche Rede »Goethe und die Demokratie«, die er bereits am 25. Juli in der Paulskirche in Frankfurt a. M. gehalten hatte, und bekannte: »Ich kenne keine Zonen. Mein Besuch gilt Deutschland selbst, Deutschland als Ganzem, und keinem Besatzungsgebiet.« Beide Städte ehrten den Dichter: In Weimar erhielt Mann den »Goethe-Nationalpreis«, in Frankfurt a. M. den »Goethepreis«.

Die Leiden und Qualen der NS-Gewaltherrschaft in Buchenwald waren noch nicht vergessen, da richtete die Sowjetunion bereits im August 1945 in den Baracken das »Speziallager 2 Buchenwald« ein. Eine neue Schreckensherrschaft begann: die des Stalinismus und des Kommunismus. Bis zur Schließung des Lagers (vornehmlich auf Druck aus dem Ausland) im Februar 1950 waren im sowjetischen »Speziallager« nach offiziellen Angaben aus Moskau 28 455 Menschen (darunter etwa 1000 Frauen) inhaftiert. Zu einem Teil handelte es sich um ehemalige SS-Angehörige, Funktionäre der NSDAP und Offiziere der Wehrmacht, einige wurden denunziert, waren aber unschuldig. Folter, Hunger und Einzelhaft waren an der Tagesordnung. Nach Angaben der Sowjetunion starben in diesem »Speziallager« insgesamt 7113 Menschen. Die Toten wurden außerhalb des Lagers in Massengräbern verscharrt, die von der DDR-Regierung konsequent verschwiegen wurden. 2415 »Entlassene« wurden nach der Auflösung des Lagers 1950 in den »Waldheim-Prozessen« von der DDR-Justiz erneut angeklagt, einige wurden zum Tode verurteilt. Nur wenige wurden freigesprochen.

Bei dem Vormarsch der Amerikaner 1945 nach Thüringen und der Befreiung von Buchenwald wurde auch Weimar durch Luftangriffe schwer beschädigt. Thüringen und Weimar blieben nur kurz amerikanisch besetzt, ab dem 9. Juli 1945 gehörte Thüringen zur sowjetischen Besatzungszone, am 7. Oktober 1949 wurde die DDR gegründet.

Weimar musste in der DDR-Zeit keine »zweite Zerstörung« durch Abriss und Neubau wie einige Städte in der BRD erleiden. Aus finanziellen Gründen blieb der Stadt die Zerstörung historischer Bausubstanz erspart. Die Altstadt wurde notdürftig »repariert«, die baugeschichtlich wertvollen Monumente blieben teils ruinös erhalten, so dass Weimar nach der Wende 1989 zu neuem Glanz erstrahlen konnte.

Schon am 12. Mai 1945 wurden die Särge mit den sterblichen Überresten Goethes und Schillers aus einem Bunker in Jena wieder in die Fürstengruft des Historischen Friedhofs (s. S. 166) überführt. Das Gedenken an die Klassik hat in dieser Zeit nicht an Lebendigkeit verloren. Im August 1946 wurde die »Hochschule für Baukunst und Bildende Künste«, die heutige Bauhaus-Universität, wiedereröffnet, die kulturelle Kontinuität Weimars wurde damit gewahrt, die besondere Rolle der Stadt Goethes während der DDR-Epoche eingeläutet. Zu Goethes Geburtstag im Jahr 1948 wurde das schwer beschädigte Nationaltheater mit Goethes *Faust* wiedereröffnet. Ein Jahr später, zu Goethes 200. Geburtstag, wurde in Anwesenheit von Thomas Mann das im Krieg bombardierte Wohnhaus des Dichters, das heutige Goethe-Nationalmuseum, wieder eingeweiht. Weimar – noch heute die heimliche Kulturhauptstadt Deutschlands – entwickelte sich zunehmend zum kulturellen Mittelpunkt der DDR. Bei der Verwaltungsreform am 25. Juli 1952 verlor Weimar allerdings den Status einer Landeshauptstadt und wurde Teil des Bezirkes Erfurt.

1953 wurden die »Nationalen Forschungs- und Gedenkstätten in der klassischen deutschen Literatur« (NFG) gegründet. Vom 8. bis zum 15. Mai 1955 ehrte man feierlich auch Schiller, den zweiten großen Dichter Weimars, anlässlich seines 150. Todestag am 9. Mai. Auch bei dieser Ehrung war Thomas Mann wieder Festredner. 1958 begann die Aufarbeitung der Schreckensherrschaft des Nationalsozialismus: die »Nationale Mahn- und Gedenkstätte Buchenwald« wurde unter dem Credo »Gegen das Vergessen« eröffnet. Am 10. November 1988, Schillers Geburtstag, wurden das Schiller-Museum und das Wohnhaus des Dichters in der Schillerstraße der Öffentlichkeit übergeben. Ein Jahr später beteiligte sich die Weimarer Bevölkerung an den friedlichen Demonstrationen im ganzen Land, die zum Sturz der DDR-Regierung führten.

Nach der Wende 1989 begann eine neue »Goldene Epoche« für Weimar. Goethe und Schiller waren und sind heute wieder die Anziehungspunkte der Stadt, und sie tragen Weimars Glanz in die Welt hinaus. Weimar ist aber auch die Stadt der Musik, die Stadt der Moderne, die Stadt der Bauhaus-Tradition. Als Weimar 1999 Kulturhauptstadt Europas wurde, konnte der Reichtum an historischer Bausubstanz, die die Kriegszeit größtenteils unversehrt überstanden hat, von der Patina des Verfalls befreit werden und im neuen Glanz der Klassik als UNESCO-Weltkulturerbe erstrahlen.

Mit seinem fast italienisch-mediterranen Flair, mit seinem vielseitigen und hochkarätigen Kulturangebot, mit seinen so unterschiedlichen, aber immer anheimelnden Cafés, Buchhandlungen und seinem zur Stille und Meditation einladenden Park an der Ilm ist Weimar einzigartig. In der europäischen Kulturstadt treffen deutsche Kulturgeschichte, Musik und Literatur, Theater und die Zeit der Moderne aufeinander: Bach, Liszt und Wagner, Goethe, Schiller und Steiner, die Moderne mit dem Bauhaus von van de Velde, Gropius und Mies van der

Rohe. Hier verbindet sich die Erinnerung an die NS-Diktatur mit der doppelten Vergangenheit vom Ettersberg, hier wird die Erinnerungskultur der Opfer des NS-Regimes lebendig bewahrt und gepflegt.

Weimar ist heute eine der blühendsten Städte der neuen Bundesländer. Das Kulturangebot ist pro Einwohner gerechnet größer als in Berlin, München oder Hamburg. Durch die beiden Universitäten ist Weimar zugleich eine verhältnismäßig junge Stadt – und sie rühmt sich, eine Stadt der Zukunft zu sein, die nicht »schrumpft«, sondern aufgrund des Geburtenüberschusses und des Zuzugs von neuen Bürgern beständig wächst.

Stadtgeschichte in Daten

9./10. Jh. Auf dem Gelände des heutigen Stadtschlosses steht ein Adelshof, der später befestigt und dann zu einer Wasserburg ausgebaut wird.

899 In einer Urkunde des letzten Kaisers der Karolinger, Arnulf (850–99), ist erstmals der Name Vvigmara für Weimar überliefert.

um 1250 In der Region an der Ilm existieren drei Siedlungen: Oberweimar (bei der heutigen Kirche St. Peter und Paul), Jakobshügel (bei der heutigen Jakobskirche) und die Burg (im Bereich des heutigen Stadtschlosses).

1254 Erstmals wird in einer Urkunde des Grafen Hermann III. Weimar als Stadt bezeichnet: »in civitate nostra Wimare«.

1382 Graf Otto X. (gest. 1403) von Weimar-Orlamünde übergibt die Herrschaft den Wettinern aus Sachsen.

1439 Vollendung des Stadtschlosses von Weimar.

1453 Landgraf Wilhelm III. der Tapfere (1425–82) erteilt den Franziskanern die Genehmigung für den Bau eines Klosters.

1464 Papst Paul II. (1417–71) ermächtigt Wilhelm III., die Schlosskapelle zu einer Stiftskirche zu vergrößern.

1502 Lucas Cranach d. Ä. gestaltet den Orgelprospekt in der Schlosskirche.

1517 Martin Luther ist im Oktober mehrfach in Weimar.

1518 Martin Luther unterbricht im September seine Reise nach Augsburg in Weimar, wohnt im Franziskanerkloster, liest hier eine Messe und predigt in der Schlosskirche.

1521–40 Martin Luther ist in den Jahren 1521, 1522, 1524, 1525, 1528–30, 1537 und 1540 mehrfach in Weimar und predigt u. a. über das Thema »Der Unterschied zwischen geistlichem und weltlichem Reich«.

1535–79 Die Jakobskirche wird profaniert und als Kornspeicher genutzt.

1553 16. Oktober: Lucas Cranach d. Ä. (er lebt seit dem Vorjahr in Weimar) stirbt im Alter von 81 Jahren und wird auf dem Friedhof der Jakobskirche bestattet.

1556 Weimar verzeichnet einen sprunghaften Bevölkerungszuwachs. In der Stadt leben jetzt 3287 Einwohner in 608 Häusern.

1561 Die Gasthäuser »Elephant« und »Weißer Schwan« (Goethes Lieblingsrestaurant) werden urkundlich erwähnt.

1613 Die »Thüringer Sintflut« lässt die Ilm über die Ufer treten, reißt Brücken und 44 Häuser ein; 65 Menschen und etwa 200 Stück Vieh ertrinken.

1618 Ein verheerendes Feuer zerstört große Teile des Schlosses; nur der Turm, der Torbau und der Westflügel bleiben erhalten.

1619 Der Barockbaumeister Giovanni Bonalino erhält den Auftrag für den Neubau.

1618–48 Dreißigjähriger Krieg: Herzog Bernhard (1604–39) von Sachsen-Weimar kämpft für die Schweden und übernimmt nach dem Tod von Gustav II. Adolf in der Schlacht von Lützen (1632) den Oberbefehl.

1657 6. Dezember: Erstmals feiert man in Weimar den Nikolaustag.

1651–62 Nach der Bauunterbrechung während des Dreißigjährigen Krieges vollendet Johann Moritz Richter im Auftrag von Herzog Wilhelm IV. (1598–1662) von Sachsen-Weimar das Schloss, das nun den Namen »Wilhelmsburg« erhält.

1699 In Weimar leben 4659 Bürger. Von den Erwerbstätigen sind 21,5 % Beamte und Bedienstete am herzoglichen Hof.

1702–04 Errichtung des »Gelben Schlosses« nach Entwürfen von Johann Mützel (?). In diesem Haus wurde 1761 der Dramatiker August von Kotzebue geboren.

1703 Johann Sebastian Bach konzertiert als Violinsolist in der Privatkapelle von Herzog Johann Ernst III.

1707–09 Am Frauenplan 2 entsteht das barocke Bürgerhaus für den herzoglichen Kammerkommissar Georg Caspar Helmershausen, das von 1782 bis 1832 das Wohnhaus Goethes war (heute Goethe-Nationalmuseum).

1756 16. März: der 19-jährige Herzog Ernst August II. Constantin heiratet in Braunschweig die 16-jährige Anna Amalia. Am 24. März kommt das Paar nach Weimar. Noch im gleichen Jahr gründet der junge Herzog das ständige Hoftheater in Weimar.

1758 28. Mai: Herzog Ernst August II. Constantin stirbt mit 20 Jahren. Die junge Witwe Anna Amalia bekommt noch im gleichen Jahr am 8. September ihren zweiten Sohn Friedrich Ferdinand Constantin. Anna Amalia übernimmt als Vormund für ihren Sohn Carl August die Regentschaft.

1775 7. November: Goethe kommt nach Weimar. Auf Empfehlung Anna Amalias lädt der erst 18-jährige Herzog Carl August den durch die *Leiden des jungen Werthers* bekannt gewordenen Dichter in die Residenzstadt ein.

1776 12. Juni: Auf Goethes Empfehlung erhält Johann Gottfried Herder, den dieser bereits 1770 in Straßburg kennengelernt hatte, die Berufung als Generalsuperintendent für das Herzogtum Sachsen-Weimar; am 1. Oktober zieht Herder mit

seiner Familie in die Wohnung der Stadtkirche ein (heute auch Herderkirche genannt).
Anna Amalia nutzt das kleine Tiefurter Schloss als Sommersitz.

1778 Unter Mitwirkung Goethes wird der Park an der Ilm umgestaltet.

1788 12. Juli: Erste Begegnung zwischen der 23-jährigen Christiane Vulpius und dem 38-jährigen Goethe im Park an der Ilm. Christiane übergibt Goethe ein Bittgesuch ihres Bruders Christian August. Christiane wird Goethes Geliebte.

1789 Im November ziehen Goethe und Christiane vom Haus am Frauenplan um in das »Jägerhaus« in der Marienstraße 5/7. Noch im gleichen Jahr bringt Christiane am 25. Dezember ihren gemeinsamen Sohn August zur Welt. Im Spätsommer 1792 ziehen die Goethes wieder in das Haus am Frauenplan, wo Goethe bis zu seinem Tod (1832) lebt.
Goethe wird Mitglied der Schloss-Baukommission für den Wiederaufbau. Er engagiert Architekten und Künstler (u. a. Heinrich Gentz aus Berlin), die das Schloss mit neuen Elementen des Klassizismus bereichern.

1790 13. März bis 20. Juni, zweite Italienreise Goethes zusammen mit Herzog Carl August.

1794–97 Schiller ist mehrfach Gast bei Goethe im Haus am Frauenplan. Es entwickelt sich eine tiefe Freundschaft zwischen den beiden Dichtern.

1799 3. Dezember: Schiller zieht von Jena nach Weimar. Sein Gartenhaus in Jena bleibt die Sommerwohnung für ihn und die Familie.

1802 29. April: Friedrich Schiller gibt seine Professur in Jena auf, kauft in Weimar das 1777 errichtete Haus an der Esplanade (heute Schillerstraße) und wohnt dort mit seiner Familie bis zu seinem Tod (1805).

1804 3. August: Die russische Zarentochter Maria Pawlowna heiratet Großherzog Carl Friedrich.

1805 9. Mai: Friedrich Schiller stirbt mit 43 Jahren in seinem Haus (heute Schiller-Museum) und wird auf dem Jakobsfriedhof bestattet.

1806 14. Oktober: Nach der siegreichen Schlacht bei Auerstedt und Jena ziehen Napoleons Truppen in Weimar ein.
15. Oktober: Herzogin Luise bittet Napoleon, die Stadt vor der Plünderung zu bewahren.
16. Oktober: Napoleon lässt die Plünderung der Stadt durch seine Soldaten einstellen.
19. Oktober: Goethe legitimiert seine Beziehung zu Christiane offiziell durch die Trauung in der Sakristei der Jakobskirche, die zu dieser Zeit Lazarett für die verwundeten Soldaten des Napoleon-Krieges ist.
Weimar zählt über 6200 Einwohner.

1807 10. April: Anna Amalia stirbt mit 68 Jahren in ihrem Wittumspalais.

1815 Auf dem Wiener Kongress wird das Herzogtum Sachsen-Weimar zum Großherzogtum Sachsen-Weimar-Eisenach mit der Residenzstadt Weimar erhoben. Goethe wird Staatsminister.

1827 6. Januar: Charlotte von Stein, Goethes langjährige Freundin, stirbt im Alter von 84 Jahren.
16. Dezember: Die Gebeine Schillers werden vom Jakobsfriedhof in die Fürstengruft überführt.

1828 14. Juni: Großherzog Carl August stirbt im Alter von 70 Jahren auf dem Weg von Berlin nach Weimar und wird am 28. Juli in der Fürstengruft bestattet.

1832 22. März: Goethe stirbt im Alter von 82 Jahren.

1842 29. Oktober: Franz Liszt und der italienische Tenor Giovanni Battista Rubini geben gemeinsam mit der Hofkapelle ein Benefizkonzert.
2. November: Liszt wird Hofkapellmeister.

1850 28. August: Franz Liszt und Maria Pawlowna sind große Förderer von Richard Wagner. An Goethes 101. Geburtstag lassen sie im Hoftheater *Lohengrin* uraufführen. Bereits am 16. Februar 1849 wurde Wagners *Tannhäuser* und am 16. Februar 1853 (jeweils am Geburtstag von Maria Pawlowna) *Der fliegende Holländer* in Weimar aufgeführt.

1857 18. August: Hans von Bülow, ein Lieblingsschüler Liszts, heiratet dessen Tochter Cosima.
4. September: Vor dem Hoftheater wird das Goethe-Schiller-Denkmal von Ernst Rietschel und auf dem Wielandplatz das Wieland-Denkmal von Hans Gasser enthüllt.

1860 4. August: Das noch von Maria Pawlowna in Auftrag gegebene Gebäude der »Lesegesellschaft« wird in der architektonischen Gestalt eines kleinen antiken Tempels eröffnet.
1. Oktober: Großherzog Carl Alexander gründet die »Kunstschule Weimar«. Zu den Lehrern zählen u. a.: Arnold Böcklin und Franz von Lenbach; zu ihren Schülern gehören u. a.: Hans Arp, Max Beckmann, Max Liebermann, Hans Richter und Christian Rohlfs.

1885 15. April: Walther Wolfgang von Goethe, Enkel und letzter Nachkomme Goethes, stirbt im Alter von 67 Jahren. In seinem Testament vom 24. September 1883 vermacht er dem Großherzogtum Sachsen-Weimar-Eisenach den gesamten Nachlass seines Großvaters Johann Wolfgang von Goethe. Damit sind die Grundlagen für das Goethe-Nationalmuseum und das Goethe-Archiv gelegt.

1896 24. Juni: Einweihung des »Goethe-Schiller-Archivs«, das 1892 von Großherzogin Sophia beim Architekten Otto Mindert in Auftrag gegeben wurde.

1902 3. April: Henry van de Velde gründet das »Kunstgewerbliche Seminar«, das im Oktober 1907 zur »Kunstgewerbeschule« umgebildet wurde.

1903 2. März: Harry Graf Kessler übernimmt ehrenamtlich die Leitung des »Museums für Kunst und Gewerbe«.

1907/08 van de Velde beginnt Ende Juli mit dem Bau seines Privathauses »Haus Hohe Pappeln«, das er im Frühjahr 1908 mit seiner Familie beziehen kann.

1914 van de Velde gibt seine Stellung in Weimar auf, offiziell aufgrund von Ausländerfeindlichkeiten (er ist ein »meldepflichtiger Ausländer«), betreut aber seine Schüler auf der »Kunstgewerbeschule« bis zu ihrer Schließung 1915 weiter.

1917 van de Velde erhält eine Ausreisegenehmigung. Seine Familie darf ihm erst 1918 folgen.

1918 9. November: Großherzog Wilhelm Ernst II. von Sachsen-Weimar-Eisenach verzichtet »für alle Zeit auf den Thron und die Thronnachfolge«; Ausrufung der Republik Deutschland in Berlin.

1919 6. Februar bis 11. August: Nationalversammlung im Deutschen Nationaltheater Weimar. Neugründung des Landes Thüringen.

12. April: van de Velde schlägt Walter Gropius als seinen Nachfolger vor, der die geschlossene »Kunstgewerbeschule« und die »Kunstschule« umgestaltet und das »Staatliche Bauhaus« gründet.

11. August: Verabschiedung der »Weimarer Verfassung« (gilt bis 1933).

1920 1. Mai: Weimar wird Landeshauptstadt von Thüringen.

1924 10. Februar: Wahl zum dritten Thüringer Landtag: der »Thüringische Ordnungsbund« erhält 48 %, die SPD 23 %.

1925 Das Weimarer Bauhaus muss aufgelöst werden. Walter Gropius kann Hugo Junkers als Mäzen gewinnen und öffnet das Bauhaus neu in Dessau.

1926 3./4. Juli: erster Parteitag der NSDAP (seit ihrer Neugründung) in Weimar. Auf diesem Parteitag wird auch die Hitlerjugend (HJ) gegründet.

1929 8. Dezember: Wahl zum fünften Thüringischen Landtag: Erstmals kommt die NSDAP mit 11 % in einen Deutschen Landtag (in Weimar erhält die NSDAP sogar 26 %).

1932 Das Bauhaus muss Dessau verlassen und zieht unter der Leitung von Mies van der Rohe nach Berlin, wo es 1933 von den Nationalsozialisten geschlossen wird.

1937 15. Juli: Die ersten 149 Gefangenen kommen ins KZ Buchenwald, am Jahresende sind es 2561 Menschen.

1939 Etwa 50 % der Erwerbstätigen der Stadt Weimar arbeiten in der Verwaltung der Nazidiktatur.

1945 In Weimar leben rund 57 400 Bürger, seit 1900 hat sich die Bevölkerungszahl verdoppelt.
11. April: Befreiung des KZ Buchenwald durch die Amerikaner. Es können etwa 21 000 Menschen, davon 904 Kinder, gerettet werden (insgesamt waren in Buchenwald 238 000 Menschen aus 35 Nationen inhaftiert; 56 000 verloren ihr Leben).
August: Die Sowjets nutzen die Einrichtungen des KZ Buchenwald für ein eigenes Gefangenenlager, sie eröffnen das »Sowjetische Speziallager 2«.

1949 28. August: Große Feier in Weimar zum 200. Geburtstag Goethes. Thomas Mann hält eine Rede im Deutschen Nationaltheater.

1950 Februar: Auf Druck des Auslands wird das »Speziallager 2« geschlossen.

1953 6. August: Gründung der »Nationalen Forschungs- und Gedenkstätten der klassischen deutschen Literatur«.

1958 13. September: Einweihung der Nationalen Mahn- und Gedenkstätte Buchenwald.

1989 3. Oktober: deutsche Wiedervereinigung.

1990 Nach der Wende leben 61 375 Bürger in Weimar.

1991 Abstimmung im Thüringer Landtag über die neue Landeshauptstadt: Weimar unterliegt, neue Landeshauptstadt ist Erfurt.
Die »Stiftung Weimarer Klassik« wird gegründet.

1996 Dezember: Die UNESCO erklärt die Bauhaus-Stätten in Weimar und Dessau zum Weltkulturerbe.

1998 Dezember: Die UNESCO erklärt das Ensemble »Klassisches Weimar« mit folgenden elf Objekten zum Weltkulturerbe: Goethes Wohnhaus, Schillers Wohnhaus, die Herderstätten (Stadtkirche, Herderhaus und Altes Gymnasium), das Stadtschloss, das Wittumspalais, die Herzogin Anna Amalia Bibliothek, der Park an der Ilm (mit Römischem Haus, Goethes Garten und Gartenhaus), den Schlosspark Belvedere mit Schloss und Orangerie, Schloss und Schlosspark Ettersburg, Schloss und Schlosspark Tiefurt, die Fürstengruft mit dem Historischen Friedhof.

1999 Weimar wird »Kulturhauptstadt Europas 1999«.

2000 25. Juli: Das »Goethe-Hafez Monument« von Fabian Rabsch und Ernst Thevis wird auf dem Beethovenplatz im Beisein des Iranischen Staatspräsidenten Mohammad Chātami und des Bundespräsidenten Johannes Rau eingeweiht.

2009 Erstmals in der westlichen Welt wird der große persische Dichter Hafez an seinem Gedenktag, am 12. Oktober, in Weimar geehrt und gefeiert.

2010 April: Der Hafez-Gedenktag am 12. Oktober wird von der UNESCO in die Liste »zum Internationalen Jahr für die Annäherung der Kulturen 2010« aufgenommen.

2011 9. Januar: Hochwasser an der Ilm; weite Gebiete entlang der Ilm im Süden der Stadt stehen unter Wasser (u. a. Oberweimar, Ilm-Park).

2019 April: zum Bauhaus-Jubiläum wird das neue Bauhaus-Museum sowie das Neue Museum nach Neubau bzw. Restaurierung eröffnet.
In Weimar leben knapp über 65 500 Bürger. Es zählt nach wie vor zu den Städten in den neuen Bundesländern, die den höchsten Zuzug verzeichnen.

Kulturkalender

Informationen zum jeweils gebotenen Programm sind auf den offiziellen Websites zu finden, die auf den Seiten 204 f. zusammengestellt sind.

März

15. März: Gedenktag am Märzgefallenendenkmal auf dem Historischen Friedhof (mit einem konstruierten Denkmal von Walter Gropius) für die am 15. März 1920 bei der Demonstration gegen den Militärputsch von Wolfgang Kapp Gefallenen. Kapp kämpfte gegen die neue Regierung der »Weimarer Verfassung«.
22. März: Goethes Todestag.

März/April

Weimarer Reden (seit 1994): An vier Sonntagen jeweils um 11 Uhr im Deutschen Nationaltheater Weimar Vorträge zu zeitgenössischen Themen von Persönlichkeiten aus Kultur, Politik oder Wirtschaft.

April

5. April: Ehrung der 149 Toten, die noch am 5. April 1945 von der Gestapo im Marstall und im Webicht Richtung Tiefurt hingerichtet worden sind.
11. April: Tag der Befreiung des KZ Buchenwald 1945.
12. April: Tag der Befreiung von Weimar durch die 3. US-Armee.

Mai

8. Mai: Tag der Befreiung / Sowjetischer Friedhof.
9. Mai: Schillers Todestag.

Mai/Juni

Spiegelzelt-Festival: Sechs Wochen buntes Programm aus Kabarett, Musik und Show.

Juni

17. Juni: Gedenken an Arbeiteraufstand 1953.

Juni–September

Weimarer Sommer – In den drei Sommermonaten werden in der Stadt zahlreiche Festivals veranstaltet: Yiddish Summer, Meisterkurse der Hochschule für Musik Franz Liszt, Sommertheater Tiefurt und Projektionsfestival Genius Loci.

August

28. August: Goethes Geburtstag. Geboten wird stets ein vielfältiges Programm aus Musik, Theater, Lesungen, Tanz, Film, Kreativität und Kulinarik.
29. August: Verleihung des Adam-Mickiewicz-Preises, der zur Erinnerung an den großen polnischen Nationaldichter (1798–1855) erstmals am 15. Jahrestag der Gründung des »Weimarer Dreiecks« am 29. August 2006 vergeben wurde. Außenminister Roland Dumas (Frankreich), Hans-Dietrich Genscher (Deutschland) und Krzysztof Skubiszewski (Polen) haben am 28. August 1991 die vertiefte Zusammenarbeit der drei Länder vereinbart.

Mitte August – Mitte September

Kunstfest Weimar: Kulturelle Veranstaltungen mit Musik, Theater, Tanz, Ausstellungen, Literatur, neuen Medien und Film.

Oktober

3. Oktober: Verleihung des Weimar-Preises (der Stadtrat zeichnet damit Einzelpersonen aus, die sich um die Stadt verdient gemacht haben).
2. Oktoberwochenende: Zwiebelmarkt in der gesamten Altstadt von Weimar –, das älteste Volksfest Thüringens (seit 1653).
12. Oktober: Hafis-/Hafez-Gedenktag mit Veranstaltungen des »West Östlichen Diwan Festivals Weimar«.

Dezember

10. Dezember: Verleihung des Menschenrechtspreises der Stadt Weimar.
2. Adventwochenende: Beliebter traditioneller Christkindlmarkt im Hof des Bienenmuseums mit »mittelalterlichem« Charme.
22. Dezember: Gedenken an den Weimarer Kurt Nehrling (1899–1943), der als Widerstandskämpfer am 22. Dezember 1943 im KZ Dachau hingerichtet wurde.

Rundgänge

(Die Karte ist auf der hinteren Buchklappe zu finden.)

Altstadt-Rundgang A:

Jakobskirche (S. 42) und Jakobsfriedhof (S. 44), der Graben und die alte Stadtmauer (S. 46), Kirms-Krackow-Haus (S. 57), **Herderkirche** (S. 48), Abstecher zu Marstall (S. 58) und Albert-Schweitzer-Gedenkstätte (S. 59), **Stadtschloss** (S. 89), Abstecher zum Reithaus (S. 113), Hauptwache (S. 110), Rotes Schloss (S. 107), Studienzentrum der Anna Amalia Bibliothek (S. 109), Holzställe (S. 111), Gelbes Schloss (S. 109), Carl-August-Reiterdenkmal (S. 96), Fürstenhaus (S. 102), **Herzogin Anna Amalia Bibliothek** (S. 98), Haus der Frau von Stein (S. 104), Goethe-Hafez-Denkmal (S. 105).

Altstadt-Rundgang B:

Marktplatz mit Rathaus (S. 114), Neptunbrunnen (S. 117), Hof- und Stadtapotheke (S. 118), Stadthaus (S. 118), Cranachhaus und Pestelhaus (S. 119), Hotel Elephant (S. 123), Gasthaus »Zum Schwarzen Bären« (S. 125), Frauenplan mit **Goethes Wohnhaus** (S. 134), Gasthaus »Zum Weißen Schwan« (S. 133), Goethebrunnen (S. 133), »Versunkener Riese« (S. 134), Eckermann-Haus (S. 137), Schillerstraße mit **Schillers Wohnhaus / Schiller-Museum** (S. 127), Gänsemännchenbrunnen (S. 131), Theaterplatz mit Wittumspalais (S. 68), Deutsches Nationaltheater (S. 76), Goethe-Schiller-Denkmal (S. 86), Haus der Weimarer Republik (S. 76), Abstecher zu Anno 1900 und Donndorf-Brunnen (S. 64), Lesemuseum (S. 63), Jugend- und Kulturzentrum »mon ami« (S. 62), Kasseturm (S. 62), Kunsthalle Weimar (S. 61).

Altstadt 1 – Zwischen Jakobskirche und Herderkirche, Theaterplatz und Kegelplatz

Der Jakobshügel und die Jakobskirche hatten für Weimar zu allen Zeiten eine besondere Bedeutung. Für die Jakobskirche ist eine erste Kirchweihe des romanischen Baus im Jahr 1168 überliefert. Um 1250 gründeten die Grafen von Weimar aus den drei Dörfern des Burgbezirkes (heutiges Stadtschloss), dem Jakobshügel und Oberweimar die Stadt Weimar, die schon damals das Wappen der Herzöge als Stadtwappen erhielt. Der Name Weimar wird urkundlich erstmals im Jahr 1249 erwähnt.

Jakobskirche und Jakobsfriedhof (Rollplatz)

Die 1168 dem Patrozinium des hl. Jakob geweihte romanische **Jakobskirche** (Am Jakobskirchhof; I B1) ist urkundlich das älteste Gotteshaus der Stadt. Zwischen 1249 und 1294 wurde die Kirche dem Zisterzienser-Nonnenkloster in Oberweimar übertragen, das den Kirchenbesitz Anfang des 16. Jh.s im Zuge der Reformation aufgeben musste. Nach historischen Stadtansichten zu urteilen, handelte es sich bei dem romanischen Bau um eine Saalkirche ohne Turm. 1535, fünf Jahre, nachdem der Jakobsfriedhof zum einzigen Gottesacker der Stadt erklärt wurde, verfiel die Kirche so sehr, dass man sie nur noch als Kornkammer nutzte. 1712 ließ Herzog Wilhelm Ernst I. den Bau abreißen und beauftragte den Architekten Johann Mützel mit dem Neubau, der am 6. November 1713 geweiht werden konnte. In den Wirren der Napoleonischen Kriege diente die Kirche nach der Doppelschlacht bei Auerstedt und Jena (14. Oktober 1806) und weiter bis 1813 oftmals als Notlazarett. Deshalb konnten Christiane Vulpius und Goethe am 19. Okto-

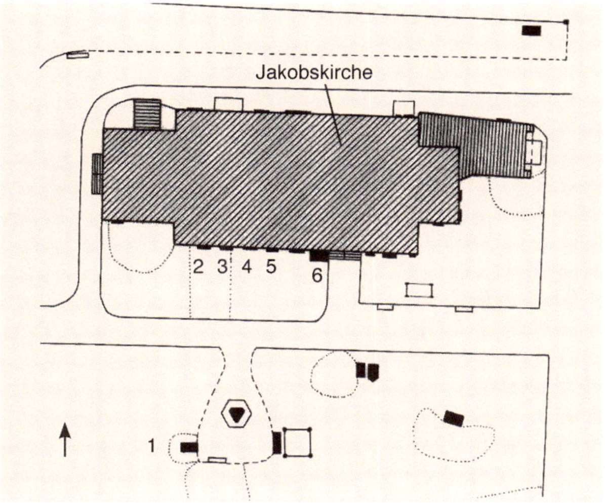

Jakobskirche mit einem Teil des Jakobsfriedhofs. Grabstätten:
(1) *Christiane Goethe*, geb. Vulpius (1765–1816); (2) *Lucas Cranach d. Ä.*, Maler (1472–1553) – Kopie, das Original befindet sich in der Stadtkirche St. Peter und Paul; (3) *Johann Friedrich Loeber*, Maler (1708–1772); (4) *Georg Melchior Kraus*, Maler und Gründer der »Freien Zeichenschule« (1733–1806); (5) *Ferdinand K. Ch. Jagemann*, Porträtmaler (1780–1820); (6) *Johann J. Ch. Bode*, Dichter und Schauspieler (1730–1793)

ber 1806 auch (nur) in der Sakristei der Jakobskirche getraut werden.

Der schlichte barocke Baukörper der Saalkirche verzichtet außen wie innen auf verspielte Formgebungen. Im Osten wurde die Erbbegräbnisstätte der Familie Johann Ch. Wex als Sakristei in den Gesamtentwurf einbezogen. Der schlichte Innenraum zeigt dreigeschossige Seitenemporen, deren Pfeiler mit toskanischen, ionischen und korinthischen Kapitellen geschmückt sind. Die Kanzelwand im Ostchor geht auf eine Umgestaltung aus dem Jahr 1883 zurück. Die klassizistische Christusfigur in der Konche wurde 1817 von Johann P. Kaufmann geschaffen. Im Westen krönt ein klassizistisches Tympanon (von Clemens Wenzeslaus Coudray?) das Orgelprospekt. Die Ölgemälde an der Westwand aus der Zeit um 1920 stellen Martin Luther, Kurfürst Friedrich den Weisen und Philipp Melanchthon dar.

Jakobsfriedhof (I B1): 1530 beschloss der Stadtrat aus Furcht vor Seuchen, die Bestattungen von der Stadtkirche St. Peter und Paul zur Jakobskirche zu verlegen. Schon Ende des 16. Jh.s wurden Kirche und Gottesacker mit einer Mauer umgeben. Der Jakobsfriedhof war bis 1818 offizieller und einziger Friedhof der Stadt Weimar. 1814/18 ließ Carl August einen neuen Friedhof anlegen (den heutigen Historischen Friedhof), da der alte Friedhof bei der Jakobskirche zu wenig Raum für weitere Bestattungen bot. Nach seiner Auflösung verwahrloste er zunehmend, bis 1858/59 Maria Pawlowna verfügte, dass er zu einer parkähnlichen Anlage gestaltet wurde. Viele alte Gräber aus der Zeit der Renaissance und des Klassizismus blieben so erhalten.

In exponierter Lage im Südosten des Friedhofs erhebt sich das ursprünglich 1715 errichtete **Kassengewölbe**, eine private Erbbegräbnisstätte mit darunterliegendem Gruftgewölbe der Familie Christoph Jenichen. 1742 übernahm das Landschaftskassen-Direktorium die Grabstätte für Bestattungen hoher Persönlichkeiten der Stadt und gab dem Gebäude den bis heute gültigen Namen. Das Mausoleum, in dem 64 Personen bestattet wurden, wurde 1826 geschlossen, die sterblichen Überreste wurden exhumiert und neu beigesetzt. Schon 1854 war der Zustand des Gebäudes derartig ruinös, dass man das unterirdische Gewölbe verfüllte und das Gebäude abriss. Anfang des 20. Jh.s besann man sich der historischen Bedeutung dieses Ortes – auch Friedrich Schiller war hier bestattet – und beauftragte den Architekten August Lehmann mit einem Neubau. Da Pläne des ursprünglichen barocken Pavillons fehlten, realisierte er nach historischen Vorlagen kein originalgetreues Gebäude, sondern »nur« ein ähnliches; zu den Schillerfestspielen am 11. Juli 1927 wurde es eingeweiht.

Im Laufe der Zeit wurden auf dem Friedhof und im Kassengewölbe viele bedeutende Persönlichkeiten der Stadt bestattet (vgl. Plan S. 43): In der Nacht vom 11. zum 12. Mai 1805 wurde Friedrich Schiller (gest. am 9. Mai) im Kassengewölbe beigesetzt, im Beisein von nur wenigen Freunden und ohne Grabrede, Trauermusik und Pfarrer. Am folgenden Nachmittag kamen Hunderte zur Trauerfeier in die überfüllte Jakobskirche. Man spielte Mozarts *Requiem*. Goethe war tief betroffen vom Tod seines Freundes: »Durch Schillers Tod wurde Goethe alt« (Norbert Oellers). Im September 1826 wurden die Gebeine exhumiert, der Schädel wurde in Goethes Haus gereinigt und anatomisch untersucht. Mit den Worten »Wie mich geheimnisvoll die Form entzückte« drückte Goethe sein ästhetisches Gefallen an dem Objekt aus. Am 17. September wurde der Schädel in den Sockel der Schiller-Büste des Bildhauers Johann H. Dannecker eingelassen, bis er am 16. Dezember 1827 zusammen mit den Gebeinen in der Fürstengruft auf dem Historischen Friedhof seine endgültige Ruhe fand. Doch 2008 bestätigte eine DNA-Analyse die schon lange diskutierte Vermutung, dass der von Goethe so sehr verehrte »Schiller-Schädel« nicht tatsächlich von Schiller stammt.

Auch Christiane Goethe, geborene Vulpius, fand nach ihrem Tod am 6. Juni 1816 auf dem Jakobsfriedhof ihre letzte Ruhestätte. Nach dessen Schließung 1818 geriet ihr Grab in Vergessenheit – erst 1888 wurde es wiederentdeckt.

Zwischen alter Stadtmauer und Herderplatz

Von den Ursprüngen der Stadt Weimar sind aufgrund zahlreicher Feuerkatastrophen in der Zeit von 1299 bis 1424 kaum sichtbare Spuren erhalten. Erst im 16. Jh. bildete sich eine morphologische Grundstruktur der Stadt, die mit den heutigen Stadträumen Herderplatz und Marktplatz, Frauentorplatz und dem Stadtschloss sowie dem Verlauf der Stadtbefestigung noch erhalten ist. Um 1500 erhielt die Stadt eine umlaufende Befestigung mit Zwinger und doppelter **Stadtmauer** (I B1). Die Vogelschauperspektive von Johannes Wolf (s. Abb. S. 10, von Westen gesehen) aus dem Jahr 1569 ist heute die verlässliche Quelle für die Stadtstruktur Weimars. Nach den vielen Zerstörungen vor dem 16. Jh. erhielt Weimar vor allem durch den Umzug der Kurfürsten von Torgau und Wittenberg nach Weimar neuen wirtschaftlichen Aufschwung und größere politische Bedeutung. Anlass dieses Umzugs war die verlorene Schlacht im Schmalkaldischen Krieg bei Mühlberg (28. März 1547). Damals unterlagen die protestantischen Truppen von Kurfürst Johann Friedrich I. von Sachsen aus dem Hause der ernestinischen Wettiner dem katholischen Heer von Kaiser Karl V.

Wer von der Jakobskirche der Kleinen Kirchgasse folgt, durchquert die alte Jakobsvorstadt und kommt zur Großen Kirchgasse und zum Graben. All diese Straßen gehen auf die mittelalterliche Struktur der Stadt zurück. Die breite Straße mit dem Namen **»Graben«** folgt dem ursprünglichen Verlauf des Wassergrabens und der ab 1757 geschleiften Stadtmauer. Heute erhebt sich über den Fundamenten der Stadtmauer die Sparkasse. Nach Westen verlief die Stadtmauer bis zum heutigen Goetheplatz und knickte dort nach Süden ab. Reste dieser Mauer sind teilweise noch bis zu einer Höhe von fast 2 Metern am Graben zu sehen. Mit dem Kasseturm am Goetheplatz ist

Der Kasseturm, Rest der mittelalterlichen Stadtmauer des 15. Jh.s, ist heute beliebter Treffpunkt der Studenten und Jugend

ein weiterer Rest erhalten. Nach Osten, Richtung Ilm, verlief die Befestigung bis zur heutigen Marstallstraße, knickte auch hier nach Süden ab, Richtung Stadtschloss. Noch im Verlauf des Grabens gab es an der heutigen Jakobsstraße das Jakobstor und die gleichnamige Brücke, die zur Jakobsvorstadt führte. Auf der Schlossseite verlief die Stadtmauer bis zur Puschkinstraße. Der Turm der Anna Amalia Bibliothek ist ein Überrest der mittelalterlichen Stadtbefestigung. Dann führte die Mauer zum Frauentorplatz, verlief weiter entlang der Schillerstraße bis zum Wittumspalais, um von hier aus den Befestigungsring bis zum Goetheplatz (Kasseturm) zu schließen – zu diesem Bereich, samt Kunsthalle Weimar, Jugend- und Kulturzentrum »mon ami«, Anno 1900 und Lesemuseum s. S. 61 ff.

♦ **Stadtkirche St. Peter und Paul** (auch »Herderkirche« genannt; Herderplatz, I B/C1): Platz und Kirche im Bereich der heutigen Herderkirche waren seit der ersten urkundlichen Erwähnung der Burg der Grafen Orlamünde (heutiges Stadtschloss) im Jahr 984 das Zentrum der mittelalterlichen Siedlung, zu der auch Kirche und angrenzender Gottesacker gehören. Seit 1253 ist für die Kirche das Patrozinium des heiligen Petrus überliefert. 1284–1513 gehörte die Kirche zum Deutschritterorden. Mit der Aufhebung und Verlegung des Friedhofs von der Stadtkirche zur Jakobsvorstadt im Jahr 1530 entstand ein Marktplatz, auf dem anfangs vornehmlich Keramik- und Töpferartikel angeboten wurden. 1518 und 1540 predigte Martin Luther in der Kirche. Als erster evangelischer Pfarrer wurde 1524 Johannes Grau (Laesius) eingeführt, der fünf Jahre später zum ersten Superintendenten von Weimar ernannt wurde. In den Jahren 1708–17 spielte Johann Sebastian Bach als Hoforganist häufig auch auf der Orgel in der Stadtkirche. Höhepunkt für die evangelische Kirche in Weimar war die Aktivität Johann Gottfried Herders in der Stadtkirche, der auf Empfehlung Goethes ab 1776 bis zu seinem Tod (1803) als Generalsuperintendent des Herzogtums Sachsen-Weimar wirkte. Er wohnte mit seiner Familie (er hatte sieben Kinder) in dem gegenüberliegenden »Herderhaus«. Seine Grabstätte befindet sich im westlichen Langhaus der Kirche.

Die architektonische Gestalt der heutigen Stadtkirche ist spätgotisch und datiert nach dem großen Stadtbrand von 1424.

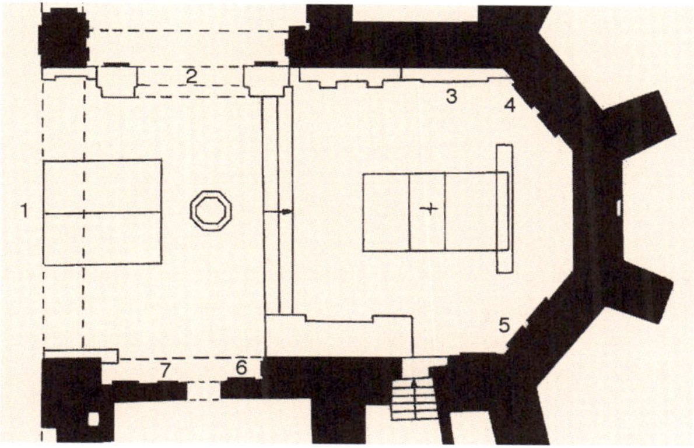

Ausschnitt des Chorraums der Stadtkirche St. Peter und Paul, Grundriss mit Bezeichnung der Grabmäler (Auswahl) für Herzog Johann Friedrich den Großmütigen und Herzogin Sibylle von Jülich-Cleve-Berg (1), Herzog Johann und Herzogin Dorothea Maria (2), Lucas Cranach d. Ä. (3), Kurfürstin Margaretha (4), Herzog Wilhelm III. den Tapferen (5), Herzogin Anna Amalia (6), Herzogin Margaretha (7)

Da im November des Brandjahres noch ein neuer Altar eingeweiht wurde, ist davon auszugehen, dass die Kirche nicht ganz zerstört worden war. Der Neubau erfolgte in den Jahren 1488–1500. Die leichte Achsenverschiebung des Westturmes (nach SW) deutet darauf hin, dass der Turm vor dem Baubeginn der dreischiffigen spätgotischen Hallenkirche begonnen (1488) und vollendet (1493) wurde. Der Baukörper der heutigen Kirche lässt in seinem Grundkubus einen spätgotischen Sakralbau (1498–1500) mit Stilelementen späterer Epochen erkennen. Die Südfassade zum Herderplatz hin zeigt vier Strebepfeiler und fünf Fensterachsen aus der Zeit des barocken Umbaus

(1726–45) nach Plänen des Hofbaumeisters Johann A. Richter. Während die unteren, kleineren Fenster und die mittleren, hohen Fester in einem Stichbogen ihren Abschluss finden und damit die spätgotischen Fenster ersetzen, greifen die oberen Rundfenster die ehemalige Umgestaltung des spätgotischen Kirchenraums zum barocken Sakralraum auf. Die beiden Portale mit ihren korinthischen Pilastern gehen auf die Umbauphase des Klassizismus (1840) zurück. Die Schwere des monumentalen Schieferdaches wird gemildert durch die Walme im Westen und Osten und durch fast filigran wirkende Dachgauben, die in drei Reihen angelegt sind. Der Fassadenanstrich aus dem Jahr 2000 geht auf die Farbgestaltung des Jahres 1735 zurück.

Innenraum: Die dreischiffige Anlage mit ihren gotischen Kreuzgewölben hat nur wenig niedrigere Seitenschiffe und wird deshalb Pseudobasilika oder Stufenhalle genannt. Die Farbigkeit des Innenraums stammt aus der Zeit 1974–76 und greift die Gestaltung des barocken Zustandes auf. Bei diesen Restaurierungsarbeiten entdeckte man an der Westwand unter den Emporen Reste einer gotischen Wandmalerei aus der Zeit um 1500. Die Einbauten entstammen der Barockzeit. Ursprünglich waren die barocken Emporen zweigeschossig; nach dem Krieg wurde von den Emporen im Norden und Süden nur eine rekonstruiert. Im Westen, dort, wo die Orgel 1907/08 eingebaut wurde, ist die Doppelempore noch erhalten.

Der **Cranach-Altar** gehört zu den herausragenden Kunstschöpfungen von Sachsen-Thüringen im 16. Jh. und ist trotz zahlreicher Restaurierungen (zuletzt 2004) nahezu unversehrt erhalten geblieben. Als Auftragsarbeit ist er für Herzog Johann Friedrich I. den Großmütigen gearbeitet worden: Lucas Cranach d. Ä. entwarf das Werk 1552; nach seinem Tod 1553 vollendete sein Sohn Lucas Cranach d. J. 1555 den Altar mithilfe des Hofmalers Peter Roddelstedt.

Zentrales Thema des dreiflügeligen Altars ist das neue Bildprogramm von Luthers Lehre zum Thema »Die Gnade Gottes«, das gleichsam wie eine (Bild-)Predigt ausgestaltet ist. Das Motiv auf der mittleren Altartafel ist von der alten tradierten Bildsprache der christlichen Ikonografie losgelöst: Nur der im Zentrum erscheinende gekreuzigte Christus als Hauptmotiv, das auf die Altarsakramente hinweist, geht auf das ikonografische Programm der christlich-byzantinischen Kunst zurück. Alles, was in Cranachs Gemälde zusätzlich erscheint, greift die neue protestantische Bildsprache der Lehre Luthers auf: Während sich traditionell das Kreuz über einer Grotte mit dem Adamsschädel erhebt, auf den das Blut des Gekreuzigten als Zeichen für die Erlösung der Menschheit tropft, steht in Cranachs Werk unter dem Kreuz das Lamm Gottes mit einer Fahne, auf der zu lesen ist: »ecce agnus dei qui tollit / peccata mundi« (›Siehe, das ist das Lamm Gottes, das der Welt Sünde trägt‹). Das Blut Christi wird hier zu einem Blutstrahl, der sich über das Haupt des betenden Lucas Cranach d. Ä. ergießt. Dieses Motiv wurde nach Cranachs Tod von seinem Sohn in den Gesamtentwurf eingefügt und greift Luthers Lehre von der »Reinigung des Menschen durch das Blut Christi« auf. Links neben Cranach steht Johannes der Täufer, der mit seiner Rechten zum Gekreuzigten und mit Mittel- und Zeigefinger seiner Linken auf das Lamm Gottes zeigt und damit das Bibelzitat bildhaft zusammenführt. Sein Blick aber schweift zu Luther, dem Reformator, der die gesamte Bildallegorie bestimmt. Luther weist mit seiner Rechten auf Bibelzitate, die die Erlösung der Menschheit durch das vergossene Blut Christi zum Inhalt haben. Auf der linken Bildseite sehen wir den auferstandenen Christus, dessen Porträt jenem von Johannes dem Täufer gleicht. Er erhebt sich über die bezwungenen Höllenhunde und hält einen gläsernen Lichtstab als Zeichen über den Sieg von Tod und Teufel in seinen Händen. Aber auch die im Hintergrund dargestellten Bildmotive sprechen die Erlösung der Menschen von ihren Sünden an: Rechts neben den genagelten Füßen Christi ist Moses auf dem Berg Sinai mit der Tafel der zehn Gebote zu sehen. Unterhalb des rechten Kreuzarmes verkündet ein herbeischwebender Engel Maria die Geburt ihres Sohnes. In der Zeltstadt rechts windet sich (nach 4. Mose 21,8) die eherne Schlange einen Stab empor. Sie ist das Symbol für das Leben und die Befreiung von den Sünden. Links des unteren Kreuzarmes, gegenüber der Szene mit Moses, wird Adam vom Höllenhund und vom Tod verfolgt. Cranach d. Ä. hat mit diesem wunderbaren Werk Luthers theologische Forderungen an ein religiöses Bild glänzend umgesetzt: »Erst die Schriftworte bei dem Bild geben ihm den richtigen Sinn. Nicht das Bild allein, sondern Bild und Schrift zusammen sollen den Betrachter zum Lob Gottes ermuntern« (Götz Pochat, 1986).

Der linke Seitenflügel zeigt das Stifterehepaar Herzog Johann Friedrich I. und seine Frau Sibylle betend vor einem reich verzierten Goldbrokatvorhang, der rechte Seitenflügel die drei Söhne des Stifterehepaares: Johann Friedrich II., Johann Wilhelm und Johann Friedrich III.; auch sie sind betend dargestellt. Der geschlossene Altar thematisiert auf der linken Seite die *Taufe im Jordan* und auf der rechten Seite die *Himmelfahrt Christi*. Beide Bildtafeln wurden wahrscheinlich von dem Cranach-Schüler Peter Roddelstedt (der sich in Signaturen »Maler aus Gottlandt« nennt) gemalt.

Das farbig gestaltete *Gesprenge* auf dem Altar ist ein Schnitzwerk aus Lindenholz von einem unbekannten Künstler. Hier sind u. a. die farbigen Wappen und das Rankenwerk des Grabmonuments der Stifter des Cranach-Altars (s. S. 53) eingefügt, so dass es in einem engen inhaltlichen Zusammenhang mit dem Grab steht.

Das **Luther-Triptychon** an der rechten Wand vor dem Chor (Ostwand des Südschiffes) ist eine Arbeit des Cranach-

Schülers Veit Thiem aus dem Jahr 1572. Auf allen drei Bildern ist Martin Luther in den folgenden Lebensphasen dargestellt: links als Augustinermönch; in der Mitte als Magister; rechts als Junker Jörg. Im unteren Teil der Gemälde wurden in Versform Ereignisse aus dem Leben des Reformators niedergeschrieben. Auf dem Mittelbild erscheinen unten die Signatur VT (Veit Thiem) und die Jahreszahl 1572. Die beiden Porträtfassungen auf den Außenflächen der beiden Triptychon-Flügel sollen links Philipp Melanchthon, den zweiten großen Reformator neben Luther, und rechts Johannes Bugenhagen, einen wichtigen Weggefährten Luthers, darstellen.

Grabmäler: Die Tradition der Grablege in der Herderkirche geht auf die Umbettung Wilhelms III. des Tapferen 1533 – nachdem die Franziskaner ihr Kloster und Weimar verlassen hatten – vom Franziskanerkloster in die Stadtkirche zurück (s. Plan S. 49, Nr. 5). Dieser war ein großer Förderer der Franziskaner gewesen und hatte 1453 das heute nur noch zum Teil erhaltene und profanierte Kloster (Am Palais 4) gestiftet, so dass er nach seinem Tod auch dort bestattet wurde. Als Letzte aus dem Weimarer Herrschergeschlecht fand 1807 Herzogin Anna Amalia in der Herderkirche ihre letzte Ruhe.

Nr. 1: Doppel-Grablege von *Herzog Johann Friedrich dem Großmütigen* (1503–54) und *Herzogin Sibylle von Jülich-Cleve-Berg* (1512–54), Chorraum: Das Grabmonument, eine Sockeltumba, ist eine Stiftung der drei Söhne der Verstorbenen, die auf dem rechten und linken Seitenflügel des Cranach-Altars dargestellt sind. Die exponierte Lage des Grabmonuments nimmt klaren Bezug auf den Altar und steht inhaltlich in engem theologischen und politischen Zusammenhang zur Reformation Luthers. Die Wirkung auf den Betrachter zielt auf den inneren Dialog der beiden Kunstwerke ab: Ist der Cranach-Altar zugleich Epitaph des verstorbenen Herzogpaares und Ausdruck der Glaubenstreue der ernestinischen Herzöge wie auch der reinen Lehre Luthers, verweist das Tumba-Grabmonument (das sonst üblicherweise keinen Leichnam enthält – anders als hier) im Zusammenhang mit den Inschriften (VDMIE = »Verbum Domini Manet In Aeternum«, ›Das Wort Gottes bleibt in Ewigkeit‹) und dem Wappen auf den Machtanspruch des Weimarer Herrscherhauses. Der Entwurf für das 1557 vollendete Grabmonument ist eine Arbeit von Peter Roddelstedt. Der Bildhauer Hermann von Erfurt gestaltete 1554/55 den plastischen Schmuck des Sockels, der Bronzegießer Jacob Schlaf schuf die beiden bronzenen Grabplatten mit den Wappen der beiden Familien. Ursprünglich krönte noch eine filigran gestaltete bronzene Gitterumrandung aus dem Jahr 1555 das Memorialmonument. Die Seiten des Sockels sind durch Pilaster in schmale Felder aufgeteilt, in denen je zwei farbige Wappen (insgesamt 24) dargestellt sind, die im Gesprenge des Cranach-Altars als dekorative Elemente aufgenommen wurden und somit eine inhaltliche Verbindung beider Monumente herstellen. Teile des Gitters befinden sich heute im nordöstlichen Treppenhaus und im Stadtmuseum.

Nr. 2: *Herzog Johann* (1570–1605) und *Herzogin Dorothea Maria* (1574–1617), Nordwand des Chorraumes mit Durchgang zur Taufkapelle: Das als Epitaph gestaltete dreigeschossige Kunstwerk ist eine Arbeit von Heinrich Hünefeld und Lewin Tüttich aus den Jahren 1610–16. Es ist das letzte Epitaph, das in der Kirche aufgestellt wurde, und gehört dem Übergang von der Spätrenaissance zum Manierismus an. Es quillt nahezu über von Figuren. Die Menschen sind mit ausdrucksstarker Gestik und »eigenwilliger« Manier dargestellt. Andachtsvoll knien die Verstorbenen links und rechts mit je einem ihrer Kinder unter den Eckrisaliten, die mit Säulen und korinthischen Kapitellen gebildet sind. Ausdrucksstark und theologisch im engeren Kontext sind auf der Mittelachse des triumphbogenartigen Epitaphs zwei biblische Szenen angeordnet: In der unteren Ebene sehen wir die *Verklärung Jesu auf dem Berg Tabor* (Mt. 17,1–13), die als vorweggenommene Auferstehung Jesu verstanden werden kann; am Fuße des Berges kauern die eingeschlafenen Jünger Petrus, Jakobus und Johannes. Darüber, unter dem Bogen des Aufbaus, erscheint die *Auferstehung Jesu* mit den vom Lichtstrahl geblendeten Soldaten (Mt. 28,1–15). Auf der unteren Simsebene verabschieden sich kniend die zwölf Kinder.

Nr. 3: *Lucas Cranach d. Ä.* (1472–1553), Chorraum-Nordwand, rechts des Chorgestühls: Das leicht verwitterte Hochrelief der Renaissance ist wahrscheinlich ein Werk von Nikolaus Gromann aus dem Jahr 1555. Gestus und Kleidung (Stiefel und knielanger pelzbesetzter Rock) Cranachs sind nahezu identisch mit seiner Darstellung auf dem Altargemälde. Das Grabmonument wurde 1859 in die Herderkirche überführt. Im gleichen Jahr erhielt es auch die neoklassizistisch anmutende Nischen-Umrahmung mit Elementen der Renaissance. Cranachs Grabmonument ist das einzige Grabrelief ohne Bestattung (Cranach ist auf dem Jakobsfriedhof beerdigt; er wurde nicht umgebettet). Außerdem ist Cranach der einzige Bürgerliche, der in der Stadtkirche Verehrung findet; weitere Ausnahmen bilden die hier einst tätigen Priester (z. B.: Herder); alle anderen Memorialmonumente erinnern an adlige Personen.

Nr. 4: *Kurfürstin Margaretha* (1494–1521), Apsis-Nordseite: Die mit 27 Jahren früh verstorbene zweite Gattin von Kurfürst Johann dem Beständigen von Sachsen (1468–1532) war ursprünglich auch im Franziskanerkloster bestattet. Ihr spätgotisches Bronze-Flachrelief ist ein Meisterwerk, wahrscheinlich aus dem Umfeld der Nürnberger Metallgießerwerkstatt Peter Vischer d. Ä. Die Verstorbene steht vor einem reich geschmückten Brokatvorhang, der einen gotischen Kirchenraum verdeckt, dessen Fenster oberhalb des Vorhangs in Zentralperspektive dargestellt sind. Die unter einem Dreipassbogen stehende Kurfürstin hält betend den Rosenkranz in ihren Händen. Ihr lang herunterfallendes, glattes Gewand lässt die Kostbarkeit des Stoffes erahnen; ebenso die Haube und die Kinnbinde, die bis zu den Beinen hinunterreicht. Ein Werk von edler Schönheit und Eleganz. Die Inschriften-Umrahmung mit den gotischen Minuskeln wurde separat gegossen.

Nr. 5: *Herzog Wilhelm III. der Tapfere* (1425–82), Apsis-Südseite: Ursprünglich war Wilhelm III. im Franziskaner-Kloster bestattet. Mit der Umbettung seiner Gebeine 1533 in die Herderkirche begann der Grabkult in der Stadtkirche. Das spätgotische Flachrelief eines unbekannten Künstlers ist das älteste Bronzemonument in der Herderkirche. Es zeigt den Verstorbenen in einer Rüstung mit Lanze, Schwert und Wappenschild. Seine Tapferkeit wird durch den besiegten Löwen ausgedrückt, auf dem er steht. Das Grabmonument wird durch eine gotische Minuskel-Inschrift eingerahmt.

Nr. 6: *Herzogin Anna Amalia* (1739–1807), Südwand des Chorraumes: Grabtafel aus Lindenholz von Johann Heinrich Hose aus dem Jahr 1822. Das Reliefporträt wird umrankt von einem Kranz aus Eichenblättern und Sternen.

Nr. 7: *Herzogin Margaretha* (1469–1528), Chorraum-Südwand: Auch diese Grablege mit der meisterhaften Bronzegravur eines unbekannten Künstlers aus dem Jahr 1528 befand sich ursprünglich im Franziskanerkloster. Die Herzogin, Gemahlin von Herzog Heinrich von Braunschweig-Lüneburg (1468–1532), erscheint in einem wallenden Gewand, betend mit Haube und Kinnbinde. Im Hintergrund erkennt man eine Muschel-Konche, flankiert von zwei Säulen mit ionischen Kapitellen, die den Eindruck vermitteln, dass sich die Verstorbene in einem Palast befindet.

Seit 1998 gehört die Herderkirche zum UNESCO-Weltkulturerbe (Denkmalensemble »Klassisches Weimar«). 2010/16 erfolgte eine umfangreiche Sanierung.

Kirms-Krackow-Haus (Jakobstraße 10; I C1): Das Kirms-Krackow-Haus ist das bedeutendste Beispiel bürgerlicher Wohnkultur in Weimar. Der Charme des Innenhofes und des 1996–99 im Biedermeierstil rekonstruierten Gartens mit dem herrlichen Pavillon lädt zum Verweilen ein.

Die Ursprünge des Hauses gehen sicherlich auf das 15./16. Jh. zurück. Die erste urkundliche Erwähnung eines Hauses an dieser Stelle datiert in das Jahr 1532, erhalten ist davon jedoch nur der Gewölbekeller. Der Stadtplan Wolfs aus dem Jahr 1569 (veröffentlicht 1581) zeigt zwei nicht zusammenhängende Häuser, zu denen der Garten noch nicht gehörte. 1701 kaufte die Familie Kirms das gesamte Anwesen und 1750 das hinten anschließende Grundstück an der Marstallstraße. Noch im gleichen Jahr errichtete Joachim Caspar Kirms den wunderschönen barocken Gartenpavillon. Die beiden Brüder Carl und Franz Kirms ließen das Hauptgebäude 1783–86 grundlegend umgestalten. Nach Plänen des Architekten Johann F. R. Steiner wurde das Renaissancedach des unscheinbaren Hauses zur Jakobstraße hin abgetragen, so dass der zweigeschossige Bau um ein weiteres Geschoss mit einem Mansardendach erhöht werden konnte. Auch entstand zu dieser Zeit die hölzerne, pittoresk wirkende Hofgalerie. 1999 erhielt die Fassade des Gebäudes zur Jakobstraße hin bei der Restaurierung zum Kulturstadtjahr ihre ursprüngliche graugrüne Farbgebung von 1783.

1823 heiratete der Hofkammerrat Franz Kirms (1750–1826) Karoline Krackow (1779–1866), die Kammerfrau der Großherzogin Maria Pawlowna. Kirms war ein Förderer der Kunst und des Theaters, und so war sein Haus ein Ort für gesellige Treffen, Musik- und Diskussionsabende von Kulturschaffenden, darunter neben Goethe viele weitere bekannte Persönlichkeiten der Stadt wie Eckermann und Herder, Liszt und Wieland.

Aber auch auswärtige Gäste besuchten gern das Haus der Familie Kirms (z. B. Hans Chr. Andersen, Alexander von Humboldt u. a.). Nach dem Tod von Karoline Krackow pflegte ihre Nichte Charlotte (1825–1915) Haus und Inventar über ein halbes Jahrhundert, so dass bis heute Möbel, Geschirr und Dekoration der verfeinerten Wohnkultur von der Wende vom 18. zum 19. Jh. Zeugnis ablegen von dem hohen Stand des damaligen Kunsthandwerkes. Das Leben der nachklassischen Zeit in diesem Haus und in Weimar beschrieb Karoline Krackow in ihren *Erinnerungen*. 1917 kaufte die Stadt Weimar das Anwesen und pflegt es bis heute als Kirms-Krackow-Museum.

Das rückwärtige Gebäude an der Schmalseite des Innenhofes entstand um 1580 und wurde 1694 ebenfalls zu Wohnzwecken umgebaut. Das nicht unterkellerte Gebäude hat im Erdgeschoss ein wohnliches Gartenzimmer. Im Obergeschoss ist noch der Renaissancedachstuhl erhalten. Rechts vor diesem Gebäude gelangt man durch eine Tür zum Garten mit seinem wunderschönen barocken Gartenpavillon. Hier werden in den Sommermonaten oft Musik- und Theateraufführungen geboten.

Marstall (ehem. Hofschmiede, Reithalle und Wagenremise, heute Sitz des Thüringischen Hauptstaatsarchivs Weimar; Marstallstraße 2 / Kegelplatz 1; I C1): Der ehemalige großherzogliche Marstall liegt unmittelbar hinter der Nordseite des Residenzschlosses, unweit der Kegelbrücke, die über die Ilm in Richtung Schloss Tiefurt führt, und geht auf eine Bebauung aus verschiedenen Jahrhunderten zurück. An gleicher Stelle hatte bereits der Deutschritterorden 1383 ein frühes Spital und die Kapellen St. Anna und St. Lorenz errichtet. Ferner standen hier verschiedene Wirtschaftsgebäude. Erste Eingriffe in die bestehende Bausubstanz erfolgten, als man 1815 die Trasse der Marstallstraße angelegt hatte. Nur ein Jahr später begannen die umfangreichen Bauarbeiten für den Marstall: 1816–22 wurden nach Plänen von Clemens Wenzeslaus Coudray und Carl

Friedrich Steiner der Nordflügel und der nördliche Westflügel des heutigen Gebäudes errichtet. Erst ein halbes Jahrhundert später, 1873–78, fügte Carl H. F. Streichhan den Westflügel an der Marstallstraße und den Südflügel, der Residenz gegenüber, im Stil des Klassizismus hinzu. Streichhan überarbeitete auch die bereits bestehenden Gebäude von Coudray nach dem Zeitgeschmack des Klassizismus. Der heutige Lesesaal des Hauptstaatsarchivs im Innenhof war ursprünglich die Reithalle, die 1899/1900 entstand. Ihre Stahl-Fachwerk-Konstruktion gehört heute zu den bedeutenden Beispielen der Ingenieurbaukunst der damaligen Zeit.

Im Marstall war 1936–45 die Gestapo-Leitzentrale untergebracht, die für die Deportation aller Juden in Thüringen verantwortlich war. Der Keller und einige andere Räume des Gebäudes wurden als Gefängnis und Folterkammer genutzt. 1945–51 war der Marstall Sitz des sowjetischen Geheimdienstes des NKWD (Volkskommissariat für innere Angelegenheiten der UdSSR). Im April 1945 wurden hier 149 Untersuchungsgefangene gefoltert und ermordet. Daran erinnert seit 1984 eine Gedenktafel.

Albert-Schweitzer-Gedenkstätte (Kegelplatz 4; I C1): Die nach Süden und Osten hin offene Freifläche des Kegelplatzes östlich des Marstalls war ursprünglich, von der Kegelbrücke aus gesehen, der Zugang zur Altstadt. Die heutige Bebauung des Platzes geht auf das 18./19. Jh. zurück. Das Haus am Kegelplatz 4 ist eines der schönsten und am besten erhaltenen spätbarocken Bürgerhäuser in Weimar. Es wurde entsprechend der Inschrift über dem Torbogen 1754 errichtet. Eine Inschriftentafel am Haus erwähnt Carl August Musäus, der ab 1763 zum Pagen-Hoferzieher nach Weimar berufen wurde und bis zu seinem Tod in diesem Haus lebte. Musäus war ein anerkannter Literaturkritiker, Schriftsteller und Märchensammler mit umfangreichem Œuvre, darunter die fünf Bände *Volksmärchen* *der Deutschen* (1782–86), die auch fünf Legenden von »Rübezahl« enthalten. Seit 1984 ist das Haus Sitz der Albert-Schweitzer-Gedenk- und Begegnungsstätte. Albert Schweitzer, Theologe, Philosoph, Arzt und Friedensnobelpreisträger des Jahres 1952, war nie in Weimar – sein Werk und Leben werden hier dennoch geehrt.

Goetheplatz und Geleitstraße

Noch im 18. Jh. war der Platz vor der westlichen Stadtmauer und dem Erfurter Tor eine Wiese mit etwa 40 Scheunen für den Viehmarkt. Im Laufe der Zeit erhielt er immer neue Namen. Hieß er anfangs noch Schweinsplatz, so wurde er später Weihemarkt, dann Neue Straße und Karlsplatz genannt, bis er 1945 seinen heutigen Namen Goetheplatz erhielt. Als am 31. August 1797 ein Feuer nahezu alle Scheunen vernichtete, entschloss man sich im Rahmen der Entfestigung der Stadt für eine neue städtebauliche Lösung. Immerhin gehört der Raum zu den am stärksten frequentierten Plätzen der Stadt; hier treffen die Straßen Graben und Geleitstraße auf der Ostseite aus der Altstadt kommend, die Karl-Liebknecht-Straße im Norden, Richtung Neues Museum und Bahnhof, sowie die Wielandstraße und die Heinrich-Heine-Straße an der Südseite aufeinander. Noch im Jahr der Feuerkatastrophe (1774) legte Goethe eine Denkschrift mit einer Planskizze für die städtebauliche Neugestaltung des Platzes vor. So wurden bereits ab 1798 auf der Westseite dreigeschossige Häuser im nüchternen klassizistischen Stil errichtet; dazu gehören u. a. die Löwenapotheke, Goetheplatz 1, und das rechts anschließende Gebäude Russischer Hof, das in den Jahren 1803–05 von Anton Georg Hauptmann als Gasthof und Herberge »Alexanderhof« errichtet wurde. Der Name des Hauses geht zurück auf den

Bruder von Maria Pawlowna, Zar Alexander I. Hier wohnten zeitweise die russischen Gäste des Zarenhofes, die die Fürstin Maria Pawlowna in Weimar besuchten. Fast ein Jahrhundert später, 1887–89, entstand weiter nördlich auf der Westseite das leicht aus der Bauflucht zurückgesetzte Postgebäude (Nr. 7/8) im Stil der Neorenaissance. Seit 1857 gehörte das gesamte Postwesen im Fürstentum Sachsen-Weimar zum Hause Thurn und Taxis. Aber erst die Gestaltung der Ostseite des Platzes ab 1860 gab dem städtischen Raum seine bis heute würdevolle Ausstrahlung. Vor der Fassade des spätklassizistischen Gebäudes des heutigen Jugend- und Kulturzentrums »mon ami« (Goetheplatz 11) steht der Sockel, auf dem ursprünglich die bronzene Reiterstatue von Großherzog Carl Alexander platziert wurde, ein Werk von Adolf Brütt; 1946 wurde es eingeschmolzen. Die heutige Platzgestaltung mit den Rasenflächen und der Pflasterung an der Nordseite geht auf das Jahr 1999 zurück.

Kunsthalle Weimar – Harry Graf Kessler (ehem. »Permanente«; Goetheplatz 9 b; I B1): Die ehemalige »Permanente« liegt heute unscheinbar versteckt hinter den 1938 errichteten Wohnhäusern Goetheplatz 9 und 9 a. Das Gebäude stammt aus der Zeit um 1870; anlässlich der goldenen Hochzeit von Großherzog Carl Alexander und Großherzogin Sophie am 8. Oktober 1892 wurde ein Oberlichtsaal mit einem eindrucksvollen gotischen Gewände mit Blindfenstern aus Venedig hinzugefügt. Seit 1938 schmückt den Innenraum ein Türgewände der italienischen Hochrenaissance aus istrischem Marmor. Ab 1880 wurden die Räumlichkeiten von Weimarer Künstlern für Kunst- und Verkaufsausstellungen genutzt. Gebäude und Ausstellung gingen 1903 in das fürstliche Eigentum von Wilhelm Ernst über, der 1903–06 Harry Graf Kessler als ehrenamtlichen Direktor bestellte. Auf Kesslers Initiative wurde 1903 in Weimar der bis heute bestehende Deutsche Künstlerbund gegründet. Während seiner Amtszeit erlebte die Stadt zahlreiche Ausstellungen mit Künstlergrößen wie Paul Cézanne, Lovis Corinth, Wassily Kandinsky, Max Klinger, Auguste Renoir u. v. a. Eine Ausstellung erotischer Zeichnungen von Auguste Rodin führte 1906 zu einem Eklat. Die Schenkung von Rodins Aktzeichnungen beförderte den »Skandal«. Der Streit eskalierte, so dass Kessler sein Amt aufgeben musste.

Kasseturm (Goetheplatz 10; I B1): Der Kasseturm ist ein Überbleibsel der Nordwestecke der Stadtmauer aus dem 15. Jh. 1773 ließ der Architekt und Bauunternehmer Anton Georg Hauptmann das Gebäude umbauen; dabei wurden die Zinnen der Stadtmauer abgetragen, die Schießscharten zu Fenstern vergrößert und der Bau um ein weiteres Geschoss mit einem Kegeldach erhöht. Seinen Namen erhielt der Turm von der Landschaftskasse, die ab 1778 für einige Jahre hier ihren Sitz hatte. Die 1859/60 errichteten Pfeilergänge an der Ostseite des Goetheplatzes, nach Süden zum spätklassizistischen Gebäude der »Erholungsgesellschaft« (Goetheplatz 11) und weiter zum Lesemuseum (Goetheplatz 12), vereinen die verschiedenen Baukörper architektonisch zu einem harmonisch geschlossenen Ensemble. Heute ist der Turm ein beliebter Treffpunkt für Weimarer Jugendliche und Studenten.

Jugend- und Kulturzentrum »mon ami« (ehem. Vereinsgebäude der Erholungsgesellschaft; Goetheplatz 11; I B1): Das heute als »mon ami« bezeichnete Gebäude ist der Mittelpunkt des Architekturensembles an der Ostseite des Goetheplatzes. Es wurde in den Jahren 1858–60 von dem Architekten Carl Streichhan für die 1799 gegründete und 1897 aufgelöste »Erholungsgesellschaft« gebaut. Streichhan war als Oberbaudirektor von Weimar Nachfolger von Clemens Coudray. Als Schinkel-Schüler folgte er der von Leo von Klenze, Friedrich Gärtner und Karl Friedrich Schinkel von Athen über München (Isar-Athen) und Berlin (Spree-Athen) nach Deutschland importierten Architektur des Klassizismus. Das Architekturensemble an der Ostseite des Goetheplatzes besteht aus dem Kasseturm (im Norden, links), dem anschließenden Pfeilergang, dem aus der Baulinie leicht zurückspringenden spätklassizistischen Baukörper der ehemaligen Erholungsgesellschaft, einem weiteren Pfeilergang und dem Lesemuseum in Gestalt eines nachempfundenen antiken Tempels. Die räumliche Staffelung des Ensembles findet ihren Höhepunkt in dem Mittelrisalit mit fünf Fensterachsen und einem zweiten Obergeschoss mit Giebelabschluss, der von Akroterien bekrönt wird. Die durchgehenden Pilaster der beiden Obergeschosse münden in korinthische Kapitelle. Die beiden seitlich anschließenden Flügelbauten sind durch Mezzaningeschosse geschickt abgestuft, wodurch der mittlere Gebäudeteil stark betont wird. Weiterhin haben die Eckbauten je einen nach Norden und Süden ausgerichteten Giebel. Das Kellergeschoss des Gebäudes gründet teilweise auf den Resten der mittelalterlichen Stadtmauer.

Lesemuseum/»Niketempel« (Goetheplatz 12; I B1): Auch das Lesemuseum steht mit seinen Fundamenten auf Resten der mittelalterlichen Stadtmauer. An dieser Stelle stand einst ein Turm des Erfurter Stadttores, der 1820 im Zuge der Entfestigung Weimars abgerissen wurde. Die Wahl des klassizistischen Architekturstils mag vielleicht damit zusammenhängen, dass der Architekt Carl Streichhan, der das Gebäude 1859/60 errichtete, bewusst eine kulturhistorische Brücke zwischen Mittelalter (Kasseturm) und Antike (Lesemuseum) herstellen wollte. So jedenfalls kann das Architekturensemble der Ostseite des Goetheplatzes gesehen werden. Finanziert wurde das Gebäude größtenteils durch Großherzogin Maria Pawlowna, die eine wohlwollende Förderin der kulturellen Bildung des Bürgertums war. So hatte das Lesemuseum auch vornehmlich die Aufgabe, den interessierten Bürgern täglich Zeitungen und

Zeitschriften mit literarischen, kulturellen, politischen und wirtschaftlichen Inhalten zugänglich zu machen.

Das Lesemuseum ist in seiner architektonischen Fassung von Streichhan in vager Anlehnung an den Nike-Tempel auf der Akropolis in Athen entstanden. Dessen imponierende Lage hoch oben auf einem aufragenden Fels am Eingang der Akropolis und die Wahl eines Antentempels nahm Streichhan als Anregungen. Griechische Tempel standen allerdings nicht auf hohen Podesten (im Gegensatz zu römischen Tempeln) und waren auch nicht als zweigeschossige Baukörper konzipiert wie das Lesemuseum. Die heutige Farbgestaltung der Fassaden geht auf gesicherte Befunde bzgl. der Originalfarben zurück; sie wurde 1990 restauriert. Ursprünglich war für den Architrav an der Tempelfront folgende Widmungsinschrift geplant: »dem andenken / herzogin anna amalia«. Heute befindet sich in dem Lesemuseum der Regionalrundfunksender »Radio Lotte«.

Anno 1900 (Geleitstraße 12a): Ursprünglich stand am Anfang der Geleitstraße, direkt hinter dem Gebäude der Lesegesellschaft und der nördlich anschließenden Galerie, das Hotel Chemnitius aus dem Jahr 1890. Zu diesem Gebäudekomplex gehörten auch zwei Wintergärten mit einem offenen Hof (zum heutigen Goetheplatz hin ausgerichtet). Zur Wende vom 19. zum 20. Jh. war das Hotel ein beliebter Treffpunkt für Gäste und für die Weimarer Gesellschaft, das gesellschaftliche Zentrum für Empfänge, Bälle und Theateraufführungen. Franz Kafka, der seine Heimatstadt Prag nur selten verließ, weilte vom 29. Juni bis zum 7. Juli 1912 mit seinem Freund Max Brod in Weimar und besuchte das Hotel. Am 3. Juli hörten die beiden dort Auszüge von Bizets *Carmen* bei einem Gartenkonzert. Schon während der Hitlerzeit verlor das Hotel seine einstige Bedeutung. Nach dem Krieg wurde es für Wohnzwecke genutzt. Von der historischen Bausubstanz ist heute nur noch ein Wintergarten erhalten, in dem seit 1920 (mit Unterbre-

»Mutterliebe«, auch Donndorf-Brunnen, von Adolf von Donndorf aus dem Jahr 1895

chungen während der DDR-Zeit) das Restaurant »Anno 1900« mit gehobenem Angebot untergebracht ist.

Donndorf-Brunnen (Ecke Geleitstraße / Rittergasse; I B2): Der Name der Straße leitet sich von dem altdeutschen Wort *Geleit* ab, das im Zusammenhang mit einer Schutzgarantie für Geleitzüge von Pilgern, Wirtschaftskarawanen u. a. zu sehen ist. In der Geleitstraße gab es ursprünglich die »Geleitstelle«, bei der man Abgaben für das fürstliche Geleit entrichten musste. Wer vom Lesemuseum der Geleitstraße in die Altstadt folgt und weiter, wo sie am Gasthaus »Scharfe Ecke« bei der Eisfeldgasse rechts abknickt, der gelangt an der Straßengabelung zur Rittergasse (links) zu einem idyllisch gelegenen Platz. Dort steht der Donndorf-Brunnen. Die überlebensgroße Bronzegruppe stellt eine Mutter dar, die am Brunnen Wasser schöpft, und ihre zwei Kinder. Das Werk ist eine Arbeit des Weimarer Künstlers Adolf von Donndorf (1835–1916), der in der Rittergasse 5 geboren wurde. Er war ein Schüler von Ernst Rietschel, Schöpfer zahlreicher Bronzekunstwerke – u. a. gestaltete er nach Entwürfen Rietschels den Kopf des Luther-Denkmals in Worms. Die Bronzegruppe der *Mutterliebe* wurde 1895 in Weimar aufgestellt, ist aber eine Kopie der Brunnenfigur *James Fountain*, die Donndorf bereits 1881 für den Union Square in New York City geschaffen hatte. Später fertigte er noch weitere Kopien an, für Zwittau (Svitavy in Mähren, Tschechien; 1892) und für Stuttgart (*Paulinenbrunnen*, 1898). Am Sockel des Weimarer Kunstwerkes stehen die Worte: »Meiner Vaterstadt in Liebe und Dankbarkeit gewidmet«.

Theaterplatz und Wittumspalais

Bis zur zweiten Hälfte des 18. Jh.s, als das mittelalterliche Weimar noch von einer doppelten Stadtmauer mit Zwinger umschlossen war, lag vor der Stadtmauer eine Grünfläche, auf der teilweise Ackerbau betrieben wurde. Erst nach der Entfestigung der Stadt 1757–65 gab es Überlegungen für eine städtebauliche Erweiterung nach Westen, so dass hier neuer Raum, bestehend aus dem Theaterplatz und der nach Norden führenden Wielandstraße zum ebenfalls neu angelegten Goetheplatz, entstehen konnte. Die Bebauung an der Ostseite des Platzes folgte dem Verlauf der niedergerissenen inneren und äußeren Stadtmauer mit dem dazwischenliegenden Zwinger. Nur ein Jahr nach der Entfestigung kaufte der Staatsminister Jakob Friedrich von Fritsch Freiherr von Türck das Gelände westlich des Franziskanerklosters inklusive des Zwingers, östlich vom heutigen Theaterplatz. In Weimar hochangesehen und wohlhabend, wurde er zur Zeit von Anna Amalia mit der Gesamtleitung aller Ministerien beauftragt. Im November 1775 stimmte er als einziger Minister gegen die Aufnahme des erst 26-jährigen Goethe in das Weimarer »Geheime Consilium«. Am 25. November 1776 wurde Goethe, der gerade erst ein Jahr auf Einladung von Carl August in Weimar lebte, dann doch vom Herzog in ein Ministeramt berufen – Fritsch war de facto als Regierungschef sein Vorgesetzter. Jakob Friedrich von Fritsch jedenfalls ließ sich 1767–69 östlich der niedergerissenen äußeren Verteidigungsmauer und im Bereich des Zwingers sein prachtvolles Stadtpalais errichten, das später von Anna Amalia bewohnte Wittumspalais. Westlich des Palais, auf der heutigen Südseite des Theaterplatzes, entstand ein großer Garten, der 1820 allerdings wieder aufgegeben wurde. Zehn Jahre später, 1779/80, wurde etwa an der Stelle des heutigen Nationaltheaters das Komödienhaus (auch Redoutenhaus genannt) errichtet, das 1791 zum Hoftheater erhoben wurde. Am 22. März 1825 brannte das Gebäude vollständig ab, und noch im gleichen Jahr, am 3. September, wurde zum 50-jährigen Regierungsjubiläum von Carl August ein einfaches Gebäude als Ersatz für das Hoftheater eingeweiht. Nach einem neuerlichen Brand im Jahr 1906 entstand bis 1908 der heutige Bau des Nationaltheaters mit nach Westen verschobener Bauflucht. Nördlich vom Wittumspalais errichtete man 1823 eine Wagenremise (später Bauhaus-Museum, heute Haus der Weimarer

Republik), die schon bald als Theatermagazin und Kulissenhaus für das Hoftheater genutzt wurde. Seit 1857 steht das spätklassizistische Goethe-Schiller-Denkmal des Dresdner Bildhauers Ernst Rietschel fast mittig auf dem Platz: Sein Standort wurde im Zuge des Theaterneubaus ebenfalls leicht nach Westen verschoben. Heute münden auf den Theaterplatz die Straßen Schützengasse und Schillerstraße von Süden her, die Dingelstedtstraße von Westen, die Wielandstraße von Norden sowie die Zeughofgasse von Osten aus der Altstadt kommend (Richtung Herderplatz). Das moderne Kaufhaus an der Ecke zur Wielandstraße ist ein Bauwerk aus den Jahren 1995/96 und ersetzt das »Wohneinrichtungshaus August Bosse« aus dem Jahr 1896 (dieses wiederum stand an der Stelle des Wohnhauses mit Garten von Christoph Martin Wieland – am 20. Januar 1813 verstarb er in diesem Haus).

Wittumspalais (Am Palais 3; I B2): Nachdem Staatsminister Jakob Friedrich von Fritsch Freiherr von Türck 1766 das Grundstück östlich der abgerissenen Stadtmauer bis hin zum Franziskanerkloster gekauft hatte, gab er dem Architekten Johann Gottfried Schlegel den Auftrag, für ihn ein großzügiges und würdevolles Stadtpalais unter teilweiser Einbeziehung der älteren Bauteile zu errichten. Die Planungs- und Bauarbeiten nahmen fast drei Jahre, 1767–69, in Anspruch. Nach dem katastrophalen Brand und der fast vollständigen Zerstörung des herzoglichen (Stadt-)Schlosses im Jahr 1774 verkaufte Fritsch sein Stadtpalais noch im gleichen Jahr an Herzogin Anna Amalia. Der Zeitpunkt für den Erwerb eines Privatpalais und der durch die Brandkatastrophe erzwungene Umzug vom herzoglichen Schloss kamen der Regierung des Herzogtums Sachsen-Weimar-Eisenach gelegen. 1775 war für das Herzogtum ein bedeutsames historisches Jahr: Zum einen wurde Carl August am 3. September 18 Jahre alt, womit die Vormundschaft seiner Mutter Anna Amalia ablief; zum anderen heiratete er am 3. Ok-

Großherzogin Anna Amalia lebte von 1775 bis 1807 im Wittumspalais und bestimmte von hier aus das kulturelle Leben Weimars

tober in Karlsruhe die gleichaltrige Prinzessin Luise von Hessen-Darmstadt; und zum Dritten lernte er, als er auf der Reise zu seiner Braut nach Karlsruhe in Frankfurt a. M. Station machte, am 22. September nebenbei auch den jungen Goethe kennen. Spontan entschloss er sich, den nur acht Jahre Älteren nach Weimar einzuladen. Als er am 12. Oktober bei der Rückreise mit seiner Frau erneut kurz in Frankfurt weilte, erneuerte er seine Einladung, die Goethe nun annahm: Am 7. November 1775 kam er erstmals nach Weimar.

Ab der beginnenden Winterzeit 1775 bewohnte Anna Amalia in Weimar ihr Stadtpalais. Sie zog sich ganz aus dem politischen Leben zurück, nutzte die Schlösser Tiefurt und Ettersburg als private Sommerresidenzen und widmete sich von nun an vor allem sozialen und kulturellen Aufgaben. Ihr »kleines« Stadtpalais bezeichnete man fortan als »Wittumspalais«: Das altertümliche Wort *Wittum* bedeutete ursprünglich ›Brautgabe‹, volksetymologisch wurde es mit ›Witwengut‹ gleichgestellt. Nach der Realisierung erster Verschönerungen in den Innenräumen ließ die Herzogin das Palais später ganz nach ihren Wünschen und Vorstellungen im klassizistischen Glanz neu erstrahlen. Als künstlerische Berater standen ihr sowohl Adam Friedrich Oeser, Direktor der Kunstakademie in Leipzig, als auch Goethe zur Seite. Anna Amalia lebte bis zu ihrem Tod 1807 33 Jahre im Wittumspalais. In dieser Zeit etablierte sie die »Tafelrunde«, die in Weimar zum kulturellen Mittelpunkt für Dichter, Musiker und Künstler, für Wissenschaftler und bürgerliche Intellektuelle wurde. Goethe und Schiller gehörten hier zu den »Stammgästen«. Der in Europa weitgereiste Johann Gottfried Seume, der ebenfalls Gast der Tafelrunde war, äußerte sich euphorisch in einem Brief an Christoph August Tiedge am 16. Mai 1810 über die Abendgesellschaft der Tafelrunde bei Anna Amalia in Weimar: »Solche sokratische Zirkel sind wohl selten gefeiert worden, werde ich wohl nie wieder feiern wie hier bei der Herzoginmutter, wo Anmut und Würde, Heiterkeit und Ernst, Witz und Laune, Sitte und Anstand, Kenntnis ohne Schulstaub und Scherze ohne bittern Stachel in der kleinen Gesellschaft herrschten. Wer das Glück hat, daran Anteil zu nehmen, spricht davon als den schönsten Stunden seines Lebens; zu den schönsten des meinigen gehören sie gewiss.« (Johann Gottfried Seume, *Briefe*, Frankfurt a. M. 2002.)

Nach umfangreichen Restaurierungen und Umgestaltungen im Jahr 1871 war das Wittumspalais für die Öffentlichkeit zugänglich. Die größtenteils zugekauften Originalmöbel des 18. Jh.s und die Vielfalt der farbig fein nuancierten Wände vermitteln heute einen lebendigen Eindruck der schlichten und zugleich festlichen Wohnkultur zur Zeit Anna Amalias.

Architektur: Das auf zwei Ebenen angelegte Ensemble des Wittumspalais besteht aus sechs verschiedenen, teilweise älteren Gebäudeteilen. Die untere (tiefere) Ebene entspricht dem Niveau des ursprünglichen Zwingers zwischen der inneren und äußeren Stadtmauer, das heutige Niveau der Schillerstraße und des Theaterplatzes ist auf die Aufschüttung des Zwingers zurückzuführen. Diese untere Ebene, mit dem Hof des Wittumspalais und dem Haupteingang zum Palais-Erdgeschoss, erreicht man vom Theaterplatz aus Richtung Altstadt, der abschüssigen Zeughofgasse folgend. Am Ende der Schillerstraße führt (rechts) eine schmale Treppengasse entlang der Südseite des Palais zum ehemaligen Niveau des Zwingers und zum ehemaligen Franziskanerkloster, das heute von der Franz-Liszt-Hochschule für Musik genutzt wird.

Zur Zeit Anna Amalias schaute man von den Fenstern des Palais-Obergeschosses Richtung Westen auf eine grüne Wiese und in Richtung Süden auf die alleeartige Esplanade (heute Schillerstraße). Im Westen ließ die Herzogin einen Garten mit einem **»Chinesischen Pavillon«** (1775/76) errichten. Beides musste aber Anfang des 19. Jh.s der Bebauung auf dem Theaterplatz weichen: Als Carl August 1818/19 den Pavillon abreißen ließ, rettete er die Wandmalereien des Innenraums von Adam Friedrich Oeser. Zwei Jahre später ließ er das Gebäude mit den Malereien im Park von Schloss Belvedere originalgetreu wieder aufbauen. Hier erhielt der Pavillon den bis heute gebräuchlichen Namen »Roter Turm«; er diente besonders Goethe und Carl August als Arbeitszimmer.

Das dreigeschossige spätbarocke **Hauptgebäude** des Wittumspalais – Teil des UNESCO-Weltkulturerbe-Ensembles

»Klassisches Weimar« – mit bewohnbarem Mansarddach und Gauben in zwei Ebenen zeigt zur Schillerstraße hin eine zweigeschossige Hauptfassade. Mit seinem gelblichen Farbton hebt sich das Eckgebäude markant aus der Bebauung der Schillerstraße und des Theaterplatzes ab. Insgesamt gliedern die Hauptfassade zur ehemaligen Esplanade acht Fensterachsen und ein Mittelrisalit, den im Bereich der Traufe eine Attika mit einer Puttengruppe zwischen zwei Vasen betont. Diese Puttengruppe schuf Adam Friedrich Oeser, bei dem Goethe vor seiner Italienreise Zeichenunterricht nahm. Auch das Eckgebäude zum Theaterplatz hin zeigt eine zweigeschossige Giebelfassade mit Gauben besetztem Mansarddach; hier liegt der einzige Zugang zum Palais von der oberen Straßenebene aus: Man gelangte einst in das Haupttreppenhaus und weiter in das (Eck-)Zimmer, in dem Anna Amalia ihre Gäste für die Tafelrunde empfing, sowie zum Festsaal im zweiten Obergeschoss.

Nach Norden, zum Haus der Weimarer Republik hin (ehemalige Remise), schließt am Theaterplatz der **Nordflügel** an, den Anna Amalia 1779 bewusst um ein Geschoss niedriger anlegen ließ: Er besteht nur aus zwei Geschossen. Vom Theaterplatz sieht es so aus, als gäbe es nur ein »Erdgeschoss« – in Wirklichkeit aber ist es das erste Obergeschoss. Das Erdgeschoss ist nur vom Hof des Palais zu sehen. Geschickt hat der Architekt Johann Gottfried Schlegel Dachform, Fensterformen und Fassadenanstrich des Nordflügels dem Hauptgebäude angepasst, so dass man dem Wittumspalais nicht ansieht, dass es in zwei Bauphasen errichtet wurde; auf beiden Seiten des öffentlichen Raumes erscheint es als geschlossene architektonische Einheit.

Geht man auf der Zeughofgasse vom Theaterplatz aus zwischen dem Nordflügel und dem Haus der Weimarer Republik hindurch, so gelangt man nach etwa 20 Metern rechts zu einem Gartentor, das den Weg zum tiefer liegenden **Hof** mit dem dreigeschossigen Haupteingang zum Wittumspalais freigibt. Ganz idyllisch erhebt sich gleich links ein kleines »märchenhaftes« Häuschen mit Mansarddach, umgeben von einem gepflegten kleinen Garten. Zur Zeit von Anna Amalia wurde dieses Gebäude von ihren Kammerfrauen als Wohnhaus genutzt. Unten im Hof führt quer über das historische Kopfsteinpflaster links der Weg zum Torbau aus der Renaissancezeit, dem einstigen Haupttor des Wittumspalais. Die an die Süd- und Ostseite des Hofes anschließenden Gebäude gehen teilweise auf das 16. Jh. zurück und gehörten ursprünglich zu der Gebäudegruppe des Franziskanerklosters, der Färberei (»Schönfärbe«), des Kornhauses und zu dem Wohnhaus der Familie Marschall von Bieberstein.

Die **Innenräume** des Wittumspalais wurden in drei zeitlich unterschiedlichen Perioden gestaltet: Bereits an der ursprünglichen Ausgestaltung (1767–74) war der Maler Adam Friedrich Oeser beteiligt. Gleich nach dem Erwerb des dreigeschossigen Hauptgebäudes (1774) veranlasste Anna Amalia eine Neugestaltung. Fünf Jahre später ließ sie den Anbau des Nordflügels (1779) errichten, dessen Innenräume sie ganz nach ihrem Geschmack und ihren Bedürfnissen ausführen ließ. Die gesamte Gestaltung der Wände, ihre Farbgebung sowie die Motivwahl der Decken- und Wandmalereien gehen auf ihre Anregungen zurück. Verantwortlich für die Ausführung war erneut der Leipziger Oeser (der mit der Herzogin ein freundschaftliches Verhältnis pflegte): Er gestaltete also sowohl den Festsaal und das Tafelrundezimmer als auch die Räume des Nordflügels.

Haupt- und Prunkraum des Wittumspalais ist der **Festsaal** im zweiten Obergeschoss. 1982–90 wurde er restauriert. Der heutige Besucher findet Werke aus allen drei Bauphasen. 1774 wurde der Festsaal bis in die Dachkonstruktion erhöht und erhielt mit dem Deckengemälde im Spiegelgewölbe majestätischen Glanz. Oeser, gemeinsam mit Johann Joachim Winckelmann ein Vorkämpfer des frühen Klassizismus, führte es mit leuchtenden Pastelltönen aus, das Deckenprofil als illusionistische Architekturmalerei. Das Thema entstammt der griechischen Mythologie und nimmt Bezug auf das Leben und Wirken der Hausherrin Anna Amalia, die mit Engagement und Leidenschaft Literatur, Kunst und Musik in ihrem Herzogtum förderte: Athena und Physis, die Personifikation der Natur, gleiten auf Wolken schwebend und von Putti begleitet in die Höhen des Himmels. Der Athena-Gruppe diagonal gegenüber befinden sich auf einer weiteren Wolke die drei Grazien (griech.: *Chariten*) in lebendigem Dialog. Sie halten die Attribute Kapitell (für Kunst, Architektur), Ährenbündel (für Natur, Ernte) und Reitgerte (für Herrschaft, Macht?) in ihren Händen. Die Chariten sind die griechischen Göttinnen der Anmut, Töchter von Zeus und Eurynome; die Schwestern Euphrosyne (›Frohsinn‹), Thalia (›Festfreude‹) und Aglaia (›die Glänzende‹) zählen zu den beliebtesten Motiven in der bildenden Kunst. Die Malereien im Spiegelgewölbe zeigen ferner die illusionistische Darstellung eines umlaufenden Tuches (Velum) mit Laubkränzen, einer kunstvollen Borte und eines mit Girlanden geschmückten Frieses. Dieser Teil der Malerei aus dem Jahr 1804 stammt von Johann Heinrich Meyer, der seit 1791 in allen Kunstfragen der Berater Goethes war (die beiden hatten sich 1788 in Rom kennengelernt). Während der Umbauphase 1871 wurde der Raum durch den niedrigeren Teil (Vorraum) erweitert, und die Unterzüge sowie die beiden kannelierten Pfeiler entstanden. Die restaurierten rötlich-ockergelben Wandflächen in beiden Raumteilen gehen im Ursprung auf die gemalten Marmorimitationen (Stuccolustro) aus dem Jahr 1804 von Johann Heinrich Meyer zurück. Nach dem Tod Anna Amalias 1807 wurde das Wittumspalais vom Hofmarschallamt verwaltet und der Festsaal für vielfältige Aufgaben genutzt: 1813 hielt Goethe hier die Grabrede für

Christoph Martin Wieland; 1833–48 tagte der sächsisch-weimarische Landtag; 1848 wurde hier die Bibliothek des Lesemuseums eingerichtet; ab 1858 durften verschiedene Künstler den Festsaal als Atelier benutzen, z. B. Leopold Graf von Kalckreuth (Maler und Grafiker, Lehrer an der Kunstschule Weimar) und Friedrich Preller d. Ä. (er malte hier u. a. seine *Odyssee*-Bilder).

Eine kleine Wohnung im **Mansardengeschoss** des Wittumspalais (die größtenteils zugekauften Originalmöbel des 18. Jh.s und die Vielfalt der farbig fein nuancierten Wände vermitteln dem Besucher einen lebendigen Eindruck der schlichten und zugleich festlichen Wohnkultur zur Zeit Anna Amalias) wurde seit 1783 von Anna Amalias erster Hofdame bewohnt: Louise von Göchhausen, die sich bereits ab 1775 als Gesellschafterin der Herzogin verdient gemacht hatte, Tochter eines Schlosshauptmanns aus Eisenach. Am Hofe in Weimar wurde sie aufgrund ihrer zierlichen Gestalt und ihres Buckels oft Tusnelda genannt, was sie wortlos oder mit Humor ertrug. Sie war ständige Begleiterin der Herzogin und mit ihr freundschaftlich eng verbunden. Selbst auf der Italienreise von September 1788 bis Mai 1790 begleitete sie diese. Louise von Göchhausen war beliebt, äußerst klug, ihr Wesen war stets fröhlich und einnehmend, und sie gehörte sowohl der Tafelrunde als auch vielen anderen gesellschaftlichen Zirkeln des höfischen Lebens an. Sie genoss hohes Ansehen als kritische und kreative Schriftstellerin – sie verfasste Texte für das *Tiefurter Journal* (s. S. 180) und für das Liebhabertheater; Goethe diktierte ihr u. a. die kleinen Theaterstücke *Die Vögel. Nach dem Aristophanes* (Juni 1780) und *Paläophron und Neoterpe* (Oktober 1800). Der Goetheforschung hinterließ Louise ihre Abschrift des *Urfaust* – es ist die einzige Kopie (Goethes Original ist bis heute verschollen). Louise starb am 7. September 1807, nur fünf Monate nach Anna Amalia.

Haus der Weimarer Republik – Forum für Demokratie (ehem. Wagenremise; Theaterplatz 4; I B2): Direkt gegenüber dem Deutschen Nationaltheaters, in der ehemaligen Kutschenremise Anna Amalias, erinnert seit 2019 ein Museum an die erste deutsche Demokratie (ehemals war das Bauhaus-Museum hier untergebracht). Am 6. Februar 1919, tagte im Deutschen Nationaltheater erstmals auf Beschluss des Rats der Volksbeauftragten »die Verfassungsgebende Versammlung der deutschen Nation«, um eine Verfassung für die neue Republik zu erarbeiten. Nur wenige Tage später, am 11. Februar, wurde Friedrich Ebert im Deutschen Nationaltheater zum Reichspräsidenten dieser »Weimarer Republik« gewählt. Am 11. August wurde die Verfassung von der Nationalversammlung angenommen. Noch heute erinnert an dieses historische Ereignis eine von Walter Gropius entworfene Schrifttafel (s. S. 85) an der Fassade zum Theaterplatz. Die multimediale Dauerausstellung mit starkem Gegenwartsbezug soll die Besucher zum Nachdenken anregen. Daneben wird es Sonderausstellungen geben, und mit dem »Forum für Demokratie« einen Veranstaltungsbereich, etwa für Lesungen, Diskussionen, Workshops oder Filmvorführungen. Das Haus der Weimarer Republik, ab 2020 zugleich Sitz der Forschungsstelle Weimarer Republik, will insbesondere zum Theaterplatz hin offen und einladend gestaltet sein – durch ein Begegnungszentrum mit Café, Shop und Foyer.

Deutsches Nationaltheater Weimar (Theaterplatz 2; I B2): Die Geschichte des Hauses hängt eng mit der Theatertradition am herzoglichen Hof von Weimar zusammen. Bereits seit 1697 gab es im Ostflügel des Schlosses einen Theatersaal für etwa 100 Personen, in dem Schauspiele und Opern aufgeführt wurden. Doch erst mit Herzogin Anna Amalia und ihrem besonderen Interesse an Literatur und Theater erfuhr das höfische Theater in Weimar eine wirkungsvolle Förderung.

Das Goethe-Schiller-Denkmal (1857) von Ernst Rietschel erhebt sich vor dem Deutschen Nationaltheater, in dem 1908 in Anwesenheit von Kaiser Wilhelm II. Premiere gefeiert wurde

Die Herzogin engagierte u. a. die Schauspielgruppen von Carl Christian Starke (1767/68), Gottfried Heinrich Koch (1768–71) und Abel Seyler (1771–74). Starkes Gruppe erhielt von Gotthold Ephraim Lessing hohe Anerkennung für ihre Aufführung seines Stückes *Minna von Barnhelm* (uraufgeführt am 30. September 1767 in Hamburg). Auch die Aufführung *Hermann. Ein Trauerspiel* von Johann Elias Schlegel im Schlosstheater fand große Beachtung. Die Tatsache, dass Anna Amalia die Künstler gut und wöchentlich pünktlich entlohnte, war ein Garant dafür, dass die Schauspieler engagiert ihrer Kunst nachkamen. Dementsprechend positiv war die öffentliche Meinung über das wohlwollende Engagement der Herzogin. Der Schlossbrand 1774 gab Weimar dann auch den entscheidenden Impuls für die Realisierung der lange überfälligen Stadtentwicklung, von der auch das Theaterwesen profitierte. Da der Brand auch das Schlosstheater im Ostflügel der Residenz zerstört hatte, gab es keinen Raum mehr für die höfischen Theateraufführungen. Zunächst etablierte sich daraufhin das »Liebhabertheater« im 1775 errichteten und 1914 abgebrochenen **Redoutenhaus** an der Esplanade (heute Schillerstraße 18), das auch Theateraufführungen in Ettersburg im Schloss und im Park wie auch im Tiefurter Park an der Ilm durchführte (Goethes *Die Fischerin* wurde dort etwa uraufgeführt, am 22. Juli 1782). Im Redoutenhaus selbst fand am 6. April 1779 die Uraufführung der Prosafassung von Goethes *Iphigenie auf Tauris* statt. Zu den Förderern des Hauses gehörte der Baumeister Anton Georg Hauptmann (er hatte es auf eigene Kosten gebaut und nutzte es auch teilweise selbst). Weiterhin ließ Hauptmann gegenüber vom Wittumspalais (am heutigen Standort des Deutschen Nationaltheaters) 1779/80 das **Komödienhaus** errichten, nach Plänen von Johann Friedrich Rudolf Steiner. In diesem Gebäude gründen die Anfänge des Deutschen Nationaltheaters.

Endlich hatte Weimar wieder eine feste Spielstätte für Theateraufführungen, Redouten und Bälle. Aufgrund mangelnder künstlerischer Qualität der Aufführungen kaufte elf Jahre später (1791) Carl August das Komödienhaus, um wieder einen professionellen Theaterbetrieb für den Hof zu etablieren. Fortan wurde die Spielstätte **»Hoftheater«** genannt. Für die Leitung des nun herzoglichen Theaters ernannte Carl August seinen Freund Goethe, der es am 7. Mai 1791 mit einem Prolog zu August Wilhelm Ifflands *Jäger* eröffnete (Goethe hatte diese Position bis 1817 inne). Iffland war damals einer der am häufigsten gespielten deutschen Theaterautoren. Das Repertoire des Weimarer Theaters unterschied sich nur wenig von dem anderer Bühnen jener Zeit – die Unterschiede lagen woanders: Goethe ermöglichte es den Autoren, auf die Inszenierungen ihrer Werke entscheidenden Einfluss zu nehmen, wodurch er eine hohe Übereinstimmung zwischen dramaturgischer Absicht und schauspielerischer Darbietung erreichte. Außerdem sorgte er dafür, dass sich ein festes Schauspielensemble formieren konnte, das mit einem eigenen Darstellungsstil, nach Goethes *Regeln für Schauspieler* (1803), den Anforderungen der klassischen Dramen entsprach. Der ehemals anrüchige Ruf der Schauspielkunst wich hoher Wertschätzung, und die Schauspieler wurden fortan als Künstlerpersönlichkeiten gesellschaftlich anerkannt.

Zunehmend konnte das kleine Theater aber den Bedürfnissen der Hofgesellschaft in Weimar nicht mehr genügen, so dass ein Umbau beschlossen wurde. In den Sommermonaten des Jahres 1798 wurde in Zusammenarbeit zwischen Goethe und Nikolaus Friedrich Thouret, den Goethe auf seiner Reise in die Schweiz kennengelernt hatte, der Zuschauerraum vergrößert und im klassizistischen Stil umgebaut. Mit der Uraufführung von Schillers *Wallensteins Lager* am 12. Oktober 1798 begann die große Zeit des Weimarer Theaters, das von allen Fürstenhäusern Deutschlands Zustimmung und Lob erhielt. Neben Werken von Goethe und Schiller wurden auch Stücke von Lessing, Shakespeare und anderen Autoren aufgeführt. Auch Mozart, von dessen Musik Goethe begeistert war, seit er ihn (der damals erst sieben Jahre alt war) am 25. August 1763 in Frankfurt gehört hatte, führte mehrere Opern im Hoftheater auf. In der Nacht vom 21. zum 22. März 1825 zerstörte eine erneute Feuerkatastrophe das Hoftheater bis auf seine Grundmauern.

Pläne von Goethe und Coudray für das neue Hoftheater kamen nicht zur Ausführung. Nach ihren Vorstellungen sollte es als großzügiger klassizistischer Rundbau nach antiken Vorbildern mit ausgereifter neuester Technik entstehen. Intrigen am Hofe durch die Schauspielerin und Opernsängerin Caroline

Jagemann sollen die Entwurfsvorschläge der beiden vereitelt haben. Jagemann war seit 1802 die Mätresse von Herzog Carl August, und die beiden hatten miteinander drei Kinder. Der Architekt Carl Friedrich Christian Steiner errichtete einen schmucklosen Neubau, der schon am 3. September 1825 zum 50. Regierungsjubiläum Carl Augusts eröffnet wurde. Premierenstück war Gioacchino Rossinis Oper *Semiramis*, die am 3. Februar 1823 im Teatro La Fenice in Venedig uraufgeführt worden war. Die Hauptrolle der Semiramis sang – natürlich – Caroline Jagemann. Der Theaterneubau besiegelte das Ende des authentisch »klassischen« Weimars. Eine neue Epoche kündigte sich an. Goethe blieb dem neuen Hoftheater bis zu seinem Tod fern.

Durch die Förderung der Kultur von Maria Pawlowna und das Engagement von Johann Nepomuk Hummel (Hofkapellmeister 1819–37), Schüler von Mozart und Haydn, und Franz Liszt (Hofkapellmeister 1848–59) verschob sich der Schwerpunkt des Hoftheaters vom Schauspiel zunehmend zur Musik. Besonders Liszt war es, der international bekannte Musiker und Komponisten nach Weimar holte. Die Uraufführung von Richard Wagners *Lohengrin* am 28. August 1850, Goethes 101. Geburtstag, war ein künstlerischer Höhepunkt. Seit dieser Zeit fanden die Werke Richard Wagners (er heiratete 1870 Liszts Tochter Cosima) in Weimar immer größeren Anklang. Daneben verwirklichte man zahlreiche andere Uraufführungen wie z. B.: Peter Cornelius' *Barbier von Bagdad* (1858), Richard Strauss' *Don Juan* (1899) und Engelbert Humperdincks *Hänsel und Gretel* (1893). Dazu kamen Schauspielaufführungen, z. B.: Friedrich Hebbels *Nibelungen*-Trilogie (1861), Shakespeares Zyklus der sieben *Königsdramen* (1864) und Schillers sieben Dramen (1880). Friedrich Hebbel war einer der bedeutendsten Dramatiker des 19. Jh.s. Mit seiner *Maria Magdalena* (Uraufführung 1846 in Leipzig) war ihm der Durchbruch gelungen und mit *Agnes Bernauer* hatte er 1852 in München erneut geglänzt. Die Uraufführung seiner *Nibelungen*-Trilogie unter der Leitung von Franz von Dingelstedt am 31. Januar 1861 und die folgenden Aufführungen am 16. und 18. Mai, ebenfalls im Hoftheater, waren ein großer Erfolg. Zu den beiden ersten Veranstaltungen reiste Hebbel aus Wien an. 1863, kurz vor seinem Tod, erhielt er für die *Nibelungen* den Schillerpreis. Franz von Dingelstedt war 1851 Intendant am Hoftheater in München gewesen und hatte 1857 die Leitung des Weimarer Hoftheaters übernommen (er hatte den Posten bis 1867 inne), ab 1867 leitete er die Hofoper. Anschließend ging er nach Wien und war ab 1870 Leiter des Burgtheaters. Noch ein anderer, in Weimar geborener Autor machte damals für das Hoftheater Schlagzeilen: August Friedrich Ferdinand von Kotzebue war der »Bestseller-Autor« jener Tage. Zur Zeit Goethes erlebten 87 Stücke, etwa die Hälfte seiner Werke, insgesamt 638 Aufführungen – das entsprach etwa 15 Prozent von allen Theateraufführungen am Hoftheater! Seine Werke waren rührselig und oberflächlich, entsprachen aber – zum Leidwesen Goethes – dem Geschmack des Publikums. Sein Stück *Die deutschen Kleinstädter* (1803) wurde zum Symbol des Spießbürgertums. Ab 1817 stand von Kotzebue in Diensten des russischen Zaren Alexander I., wurde später vorübergehend nach Sibirien verbannt und am 23. März 1819 in Mannheim als vermeintlicher Spion ermordet.

Schon Ende des 19. Jh.s kamen Diskussionen über eine Modernisierung des Hoftheaters auf. 1899 wurden erste Entwürfe für einen Umbau von den international renommierten Architekten für Theaterbau aus Wien, Ferdinand Fellner und Hermann Helmer, vorgelegt. 1905 schlug der bekannte Theaterarchitekt Max Littmann aus München einen Neubau vor. Wie diese konnten auch die Vorschläge van de Veldes aus demselben Jahr nicht überzeugen. Als 1906 ein Brand das Theater stark beschädigte, war die Diskussion über das Für und Wider eines Neubaus mit einem Schlag überflüssig. Am 16. Februar 1907 fand mit Goethes *Iphigenie auf Tauris* eine letzte große Theateraufführung im alten Hoftheater statt, dann folgten der Abriss des alten und der Neubau des neuen Hoftheaters nach Plänen von Max Littmann und seinem Schwiegervater, dem Bauunternehmer Jakob Heilmann. Littmann konnte nun erstmals auch seine Idee einer versenkbaren Bühne verwirklichen. Dieses neue Hoftheater mit 1080 Zuschauerplätzen wurde am 11. Januar 1908 in Anwesenheit von Kaiser Wilhelm II. und mehr als 70 Intendanten in- und ausländischer Bühnen in einem großen Staatsakt eingeweiht, mit: *Das Frühlingsmärchenspiel* von Richard Voß mit Musik von Felix Weingartner; »Vorspiel auf dem Theater« aus Goethes *Faust*; Auszüge aus *Wallensteins Lager* von Schiller; Auszüge aus Wagners *Meistersingern* – als Höhepunkt zum Schluss. Dirigent war Peter Raabe, 1907–20 Leiter der Weimarer Hofkapelle, später NSDAP-Mitglied und NS-Kulturpolitiker.

Nach dem Ersten Weltkrieg, dem Ende der Monarchie, der Abdankung Kaiser Wilhelms II. und der deutschen Fürsten waren die politischen Kräfte in Deutschland darum bemüht, Chaos und Bürgerkrieg zu vermeiden. Als Ergebnis der Novemberrevolution wurde am 9. November 1918 in Berlin von dem Sozialdemokraten Philipp Scheidemann die »deutsche Republik« und von Karl Liebknecht, ehemaliger Sozialdemokrat, später Mitbegründer des Spartakusbundes, die »freie sozialistische Republik« ausgerufen. Mit diesem Datum wird allgemein die Gründung der Weimarer Republik festgeschrieben, obwohl das Deutsche Reich staatsrechtlich von 1871 bis 1945 existierte. In der Folge dieser Ereignisse erhielt das Hoftheater in Weimar am 17. November 1918 den Namen **Landestheater**. Nur wenige Monate später, am 19. Januar 1919, verkündete der Generalintendant Ernst Hardt vor Beginn der

Wilhelm Tell-Aufführung, dass das Landestheater fortan Deutsches Nationaltheater Weimar heiße. Im Zuge der deutschen Geschichte sollte es zum Memorialort der deutschen Verfassungsgeschichte mit »Weimars langem Schatten« werden. Der Rat der Volksbeauftragten in Berlin hatte sich zuvor, am 14. Januar 1919, gegen die als Tagungsort vorgeschlagenen Städte Berlin, Bayreuth, Nürnberg sowie Jena und für Weimar entschieden. Das Votum gegen Berlin spiegelt die überhitzten innenpolitischen Spannungen jener Zeit wider. Am 6. Februar 1919 tagte also im Deutschen Nationaltheater erstmals auf Beschluss des Rats der Volksbeauftragten »die Verfassungsgebende Versammlung der deutschen Nation« (Ebert), um eine Verfassung für die neue Republik zu erarbeiten. Am 11. Februar des gleichen Jahres wurde Friedrich Ebert im Deutschen Nationaltheater zum Reichspräsidenten der Weimarer Republik gewählt. Sechs Monate später, am 11. August 1919, wurde die Verfassung von der Nationalversammlung angenommen. Noch heute erinnert an dieses historische Ereignis eine von Walter Gropius entworfene Schrifttafel (s. S. 85) an der Fassade zum Theaterplatz. Aufgrund der brisanten politischen Lage wurden die 423 Abgeordneten der Nationalversammlung samt 3000 Beamten und Journalisten in der 37 000 Einwohner zählenden Stadt Weimar durch eine massive militärische Präsenz geschützt. Durch diese »touristische Invasion« stand Weimar vor erheblichen Versorgungsengpässen, die Gäste wurden mit Essensgutscheinen versorgt.

Das weitere Schicksal des Theaters ist eng mit der politischen Entwicklung in Deutschland verbunden: 1939/40 wurde die Fürstenloge von Paul Otto August Baumgarten zur Führerloge umgestaltet, dabei ging ein Teil der ursprünglichen Dekoration wie Stuck mit Ornamenten verloren. 1944 wurde das Theater zeitweise von einem Rüstungsbetrieb genutzt. Und am 9. Februar 1945 brannte es fast vollständig nieder. Zum

199. Geburtstag Goethes, am 28. August 1948, war es wieder aufgebaut. Dabei wurde die Bühne des Theaters erweitert und die Theatertechnik erneuert.

Architektur: Den Wiederaufbau in den Jahren 1946–48 realisierte Kurt Hemmerling nach Plänen von Otto Junker. Die neuen technischen Anlagen im Bühnenbereich brachten eine Erhöhung des Bühnenturmes von bis zu 4 Metern mit sich. Der Theaterinnenraum erhielt durch Werner Harting eine Gestaltung nach Art der »Neuen Sachlichkeit«. 1973–75 führte Udo Schultz den Auftrag einer »Generalkonstruktion« aus, in deren Rahmen er die Gestaltung des Innenraums der Wiederaufbauphase zurückbaute. Ferner wurde die Bühnentechnik erneuert und der Zuschauerraum erhielt zusätzliche Plätze. Nach der Wende folgten verschiedene Restaurierungen. 2000–03 erhielt das Gebäude Putzfassaden mit Stuckgirlanden nach Art des Ursprungsbaus aus dem Jahr 1907.

Die neoklassizistische Hauptfassade des Theaters ist nach Osten zur Altstadt und zum Haus der Weimarer Republik hin ausgerichtet und wirkt als Anziehungspunkt des Theaterplatzes. Der Architekt Max Littmann gestaltete die Fassade 1907 bewusst mit Rückgriffen auf das alte Hoftheater, um den Geist des klassischen Weimar zum Ausdruck zu bringen. Imposant streckt sich in der Mitte ein Portikus mit fünf Achsen und schmucklosem Giebelabschluss in die Höhe. Während die Eingangszone nichtkannelierte Säulen der dorischen Ordnung betonen, gliedern den oberen Fassadenteil sechs Pilaster mit ionischen Kapitellen, deren Voluten als Widderköpfe ausgebildet sind. Girlanden und ein Mäanderband trennen die Fassade der Wandelhalle im Hauptfoyer des Obergeschosses und die Mezzaninebene unter dem Giebel. Der gesamte plastische Dekor an der Fassade wurde von dem Bildhauer Julius Seidler aus München geschaffen. Den Architrav über den dorischen Säulen schmücken bronzene Löwenwasserspeier. An den beiden

Risaliten sind Gedenktafeln angebracht, die an einige herausragende historische Ereignisse, die mit diesem Theater in Zusammenhang stehen, erinnern.

Südlicher Risalit (links). Zum Gedenken an den 11. August 1919 gestaltete Walter Gropius 1922 eine Bronzeplatte (1933 von der SA entfernt, 1945 wieder angebracht) mit der Inschrift: »In diesem Hause gab sich / Das Deutsche Volk / Durch seine Nationalversammlung / Die Weimarer Verfassung / Vom 11. August 1919«.

Nördlicher Risalit (rechts). Zum Gedenken an die Wiedereröffnung vom 28. August 1948 ist zu lesen: »Durch die vom Faschismus entfesselte Kriegsfurie vernichtet, / In schwerer Zeit mit großen Opfern neu erbaut, / Wurde dieses Haus dem deutschen Volke übergeben, / Den Weg zu weisen zu wahrem Menschentum«. Zum Gedenken an die Begegnungen zwischen Thomas Mann und Johannes R. Becher, dem ersten Präsidenten des Kulturbundes der DDR und Verfasser des Textes der DDR-Nationalhymne, anlässlich der Feierlichkeiten zu Goethes 200. Geburtstag am 28. August 1949 und zum 150. Todestag von Friedrich Schiller am 5. Mai 1955 schuf der Künstler Ernst Weiss die Bronzeplatte (1965 enthüllt): »1949 und 1955 begegneten sich hier, um Goethe und Schiller zu ehren, / Johannes R. Becher und Thomas Mann, / Verbündete im Kampf um die Befreiung Deutschlands, / Vom Faschismus und im Wirken für die Wiedergeburt / Unserer nationalen klassischen Literatur.«

Innenraum: Sehenswert im Inneren des Theaters sind im Foyer der Eingangshalle zwei Säulen mit Mosaikarbeiten von Bruno Quass aus der Wiederaufbauphase 1947/48. Quass war Professor an der Hochschule für Baukunst und bildende Künste Weimar (heute Bauhaus-Universität). In der Wandelhalle im Hauptfoyer des Obergeschosses sind zwei restaurierte Wandmalereien aus der Bauhaus-Phase von 1908 erhalten: Die

Schwebenden Gestalten von Sascha (Alexander) Schneider schmücken als Fries den oberen Wandabschluss und haben die Themen Liebe, Leben und Tod zum Inhalt. Berühmt wurde Schneider vor allem durch seine Titelillustrationen zu den Bänden von Karl May, den er 1903 kennengelernt hatte. Ludwig von Hofmann wählte für seine Friesmalereien mit den Dionysischen Festzügen Motive aus der griechischen Mythologie. In seinen Werken sind Elemente des Historismus und des Jugendstils zu erkennen. Hofmann war wie Schneider ab 1903 Professor an der Großherzoglichen Kunstschule in Weimar.

Goethe-Schiller-Denkmal (Theaterplatz; I B2): Das Goethe-Schiller-Denkmal auf dem Theaterplatz ist das Wahrzeichen des klassischen Weimar. Es ist weltberühmt und steht heute als Kopie an zahlreichen Orten der Welt, so in San Francisco (Kalifornien) im Golden Gate Park seit 1901, in Cleveland (Ohio) im Wade Park seit 1907, in Milwaukee (Wisconsin) seit 1908. Schöpfer dieses Denkmals war Ernst Friedrich August Rietschel, Meisterschüler von Christian Daniel Rauch, Mitbegründer der »Dresdener Bildhauerschule«; er wurde für dieses Werk als Ehrenbürger der Stadt Weimar ausgezeichnet. Rietschel war gemeinsam mit Rauch auch maßgeblich an dem Entstehen des Max-Joseph-Denkmals (1835) in München beteiligt. Zu seinen Meisterwerken gehört ebenso das Luther-Denkmal in Worms (1858/68), das von seinen Schülern vollendet wurde.

Die feierliche Einweihung des Denkmals erfolgte zum 100. Geburtstag von Großherzog Carl August am 4. September 1857. Nach Rietschels ursprünglichen Plänen von 1848 hatten die beiden Dichter eigentlich in klassischen Gewändern der Antike dargestellt werden sollen. Als er 1852 dann den Auftrag von Großherzog Carl Friedrich erhalten hatte, wünschte dieser sich allerdings zeitgenössische Gewänder. Daher trägt Goethe die Hoftracht eines Staatsministers und Schiller einen

Knierock. Nicht authentisch dargestellt sind die beiden Dichter in ihrer Lebensgröße. Um die geistige Größe beider symbolisch ebenbürtig darzustellen, hat Rietschel den kleineren Goethe (1,69 m) gleich groß wie Schiller (1,90 m) in Bronze gießen lassen. Auf verschiedenen Repliken dieses Denkmals erscheint Goethe oftmals auch auf einem kleinen Schemel stehend. Den Bronzeguss führte Ferdinand von Miller aus München aus. Er war der Vater von Oskar von Miller, dem Gründer des Deutschen Museums in München.

Die Bronze für den Guss hatte einen langen Weg zurückgelegt – von der Hohen Pforte (Istanbul) und Ägypten über Griechenland und München: Am 20. Oktober 1827 ereignete sich an der Westküste der Peloponnes die Entscheidungsschlacht für die Unabhängigkeit Griechenlands vom Osmanischen Reich (der heutigen Türkei). An diesem Tag kam es zur legendären Seeschlacht von Navarino bei Pylos, in der die vereinigten Seestreitkräfte des Königreiches von England, Frankreichs und Russlands die ägyptisch-türkische Flotte besiegten. Von ihren 57 Schiffen, teilweise mit schweren Geschützen ausgestattet, gingen viele in Flammen auf. Zahlreiche Kanonen sanken auf den Grund des Meeres. Die Verbindung von Griechenland zum bayerischen Königshaus und zu Weimar waren sehr eng. So kam etwa der bayerische König Ludwig I., ein Verehrer der Dichtkunst und Goethes, am 28. August 1827 zum 78. Geburtstag Goethes nach Weimar, um diesem den »Verdienstorden der Bayerischen Krone« zu verleihen. Und nur durch diese enge Verbindung ist es zu verstehen, dass am 17. September 1831 Therese von Sachsen-Hildburghausen, die Gemahlin des bayerischen Königs Ludwig I., mit ihrem Sohn Otto noch vor dessen Abreise nach Hellas Goethe und das Fürstenhaus in Weimar besuchte. Ab August 1832 war der erst 17-jährige Otto von Wittelsbach König von Griechenland. Er war es, der die versunkenen Kanonen in der Bucht von Navarino heben ließ und sie als Altmetall in Europa verkaufte. Weimar erhielt die Bronzekanonen für das Goethe-Schiller-Denkmal als Geschenk. Auch Leo von Klenzes Obelisk (1833) am Karolinenplatz in München, die *Bavaria* (1850) von Ludwig Schwanthaler vor der Ruhmeshalle beim Gelände des Oktoberfestes und die ebenfalls von Schwanthaler geschaffene *Tilly*-Statue in der Feldherrnhalle u. a. wurden aus dieser Bronze gegossen.

Altstadt II – Vom Stadtschloss über den Marktplatz zum Frauenplan

Das Stadtschloss

Stadtschloss (Residenzschloss, Burg und Schloss Hornstein, Wilhelmsburg; Burgplatz; I C1/2; derzeit für Restaurierungsarbeiten geschlossen): Die vierfache Bezeichnung – Teil des UNESCO-Weltkulturerbe-Ensembles »Klassisches Weimar« – belegt die wechselvolle Geschichte der Residenz der Weimarer Fürsten und Herzöge. Am Ort des Schlosses lassen sich mehr als 2000 Jahre alte Besiedlungsspuren nachweisen: Archäologische Funde (ein römischer Denar sowie Keramik) belegen, dass am westlichen Ilmufer und im Bereich des heutigen Stadtschlosses seit den ersten nachchristlichen Jahrhunderten Siedlungen existierten. Sicher ist auch, dass hier während der Herrschaft von Graf Wilhelm II. von Weimar (963–1003) aus dem Geschlecht der Orlamünde – aus Urkunden des 12. Jh.s wissen wir, dass das Gebiet zum Herrschaftsbereich dieses Adelsgeschlechts gehörte – eine Burg existierte und dass diese zwischen 984 und 1002 mehreren Belagerungen standgehalten hat. Die Stammburg thüringischer Grafen lag an der Mündung der Orla in die Saale bei der heutigen Ortschaft Orlamünde. Von dieser Stammburg aus dem 11.–15. Jh., als einziges Monument Thüringens in der Ebstorfer Weltkarte von Gervasius von Tilbury (um 1300) eingetragen, ist heute nur noch ein Turm (Kemenate) erhalten. Als Landgraf Ludwig III. aus dem Hause der Ludowinger Thüringen unter seine Macht bringen wollte, eroberte und zerstörte er 1173/74 auch die Burg von Weimar. Im Jahr 1214 konnte eine erneute Belagerung des Ludowingers Hermann I. abgewehrt werden.

Unter der Regierungszeit von Hermann II. von Orlamünde

aus dem Hause der Askanier erfolgte dann Anfang des 13. Jh.s eine Neugründung der Stadt Weimar. Zu dieser Zeit ließ Hermann II. u. a. den Turm des Schlosses errichten, der älteste Teil der heute noch erhaltenen Anlage. Die beiden Stadtwappen von Weimar und Orlamünde erinnern an die gemeinsamen historischen Ursprünge: Sie zeigen beide einen Löwen auf gelbem Grund mit rotem Herzen. 1382 musste Graf Otto X. von Weimar-Orlamünde die Herrschaft an die Wettiner von Sachsen abgeben. Neuer Herrscher wurde Balthasar von Wettin. Damit entwickelte sich Weimar zu einer der mächtigsten Residenzstädte der Wettiner in Thüringen. Ein halbes Jahrhundert später, 1424, fielen Stadt und Schloss einem Brand zum Opfer. Ihr Wiederaufbau war 1439 vollendet. 1445 kam es zur Reichsteilung der Wettiner: Thüringen und Weimar fielen dem Landgrafen Wilhelm III. dem Tapferen zu, der das Weimarer Schloss zu seiner Hauptresidenz machte. Doch 1485 kam es zu einer weiteren Teilung des Wettiner Herrscherbereiches, wodurch Sachsen erheblich geschwächt wurde. Die beiden Kurfürsten Albrecht der Beherzte und Ernst teilten das Land in die albertinische und die ernestinische Herrscherlinie auf, wobei Weimar unter die Herrschaft der in Torgau und Wittenberg residierenden Ernestiner gelangte. Weimar war fortan nur noch Nebenresidenz.

Im 16. Jh. wurden umfangreiche Umbauten vorgenommen, die dem Schloss die Grundstruktur der heutigen Anlage verliehen – fortan wurden **Burg und Schloss »Hornstein«** genannt: Hans von Torgau, einer der bedeutenden spätgotischen Baumeister, bekam 1520 kurz vor seinem Tod Aufträge für verschiedene Baumaßnahmen am Schloss in Weimar. Ein Jahr später erhielt die Schlosskirche die farbliche Gestaltung durch Lucas Cranach d. Ä. Der Wettiner Kurfürst Johann Friedrich I. der Großmütige von Sachsen beauftragte 1531 Konrad Krebs mit Umbaumaßnahmen (u. a. am Nord-Ost-Turm), die nach dessen Tod 1540 Nikolaus Gromann weiterführte. Er war einer der bedeutendsten Renaissancearchitekten; mit der Schlosskapelle in Torgau errichtete er etwa die erste protestantische Kirche Deutschlands. Gromanns Aufgabe war die Neuplanung der Anlage im Sinne eines Renaissanceschlosses. Erhalten ist von diesem nur das Portal zur Stadtseite hin (zum Rathaus) aus dem Jahr 1531. 1547 wurde die Anlage zur Hauptresidenz der Ernestiner.

Nach der Feuerkatastrophe von 1618 erhielt der italienischstämmige Architekt Giovanni Bonalino aus Graubünden den Auftrag für einen barocken Neubau; er plante ihn als Vierflügelanlage nach italienischem Vorbild. Da die Weimarer Herzöge während des Dreißigjährigen Krieges mehr als Feldherren denn als Bauherren tätig sein mussten, gingen die Bauarbeiten nur schleppend voran. Dennoch wurde bis 1623 der Südteil des Ostflügels fertiggestellt. Die von Bonalino begonnene Schlosskirche im Südteil konnte 1630 von Nicol Theiners vollendet und feierlich eingeweiht werden.

Herzog Wilhelm IV. war es dann, der nach dem Dreißigjährigen Krieg 1651 Johann Moritz Richter, den Sohn einer Weimarer Architektenfamilie, mit dem Wiederaufbau der verwaisten Vierflügelanlage beauftragte. Neu und vorbildhaft für die deutsche Schlossbaukunst gestaltete Richter diese zu einer Dreiflügelanlage um und öffnete nach französischem Vorbild die Südseite zu einer Parkanlage (dem heutigen Park an der Ilm). Finanzierungsschwierigkeiten verhinderten aber die Vollendung. Nach dem Tod Wilhelms IV. wurde das Stadtschloss **»Wilhelmsburg«** genannt. Während der Blütezeit unter der Herrschaft von Herzog Wilhelm Ernst I. konnte Johann Sebastian Bach 1708–17 zunächst als Kammermusiker, dann als Konzertmeister engagiert werden. Er war als Organist in der »Himmelsburg« genannten Schlosskapelle tätig. An der Orgel in der Ebene über dem Kanzelaltar komponierte er u. a.

die geistliche Kantate *Himmelskönig, sei willkommen* (BWV 182, Uraufführung 1714 in der Schlosskapelle).

Eine Tragödie für das Schloss und die Herzogsfamilie ereignete sich am 6. Mai 1774. Ein Blitzschlag zerstörte die Wilhelmsburg nebst Schlosskapelle und -theater. Herzog Carl August ließ die Schlossruine nicht sanieren, sondern nach 1789 ein neues Residenzschloss errichten. Für diese gewaltigen Baumaßnahmen gründete er eine »Schloss-Baukommission«, zu deren Mitgliedern auch Goethe gehörte, der u. a. den jungen Architekten Johann August Arens aus Hamburg engagierte. Arens zeichnete für den Gesamtentwurf des neuen Schlosses verantwortlich und leitete den Wiederaufbau am Ostflügel (1789–91). Zur Stärkung des Architektenteams konnte Goethe auch Nikolaus Friedrich Thouret aus Stuttgart gewinnen, der die Verantwortung für den Innenausbau übernahm. Er gestaltete u. a. das Luisenzimmer und das Entreezimmer mit formschönen Elementen des Klassizismus. Auch Heinrich Gentz wurde von Goethe für den Zeitraum 1800–03 nach Weimar berufen. Er schuf u. a. das nach ihm benannte **»Gentzsche Treppenhaus«** im Ostflügel, über das man zum Festsaal gelangt, in dem noch heute Konzerte aufgeführt werden. Die Nord- und Ostflügel des Schlosses konnten 1803 fertiggestellt werden – und erstrahlten nun im Glanz des Klassizismus. Doch die Wirren des napoleonischen Krieges, der auch Thüringen erfasst hatte (z. B. Schlacht bei Jena und Auerstedt 1806), zwangen zur Unterbrechung der Bauarbeiten.

Erst mit Großherzogin Maria Pawlowna konnten die Bauarbeiten fortgesetzt werden. Sie ernannte 1806 Clemens Wenzeslaus Coudray zum Oberbaudirektor des Herzogtums Sachsen-Weimar-Eisenach, der erste Pläne für den Neubau des Westflügels vorlegte. In nur vier Jahren entstand bis 1834 der Rohbau des Westflügels. Bis 1845 wurde die Gestaltung der Innenräume ausgeführt. Für diese hatte Maria Pawlowna u. a. die damals führenden Persönlichkeiten der Kunst- und Architekturszene des vollendeten Klassizismus Karl Friedrich Schinkel (für die Goethe-Galerie) und Heinrich Hess (für die Schlosskapelle und das Herderzimmer) verpflichtet.

Anfang des 20. Jh.s erlitt das Residenzschloss großen Schaden durch eine Fehlplanung: Der letzte Großherzog von Sachsen-Weimar-Eisenach, Herzog Wilhelm Ernst II., beauftragte 1912 die Münchner Firma Heilmann & Littmann mit der Errichtung des Südflügels, wodurch die ursprünglich nach Süden hin offene Dreiflügelanlage zum Goethe-Park hin geschlossen wurde; es entstand eine Vierflügelanlage. Zusätzlich wurden einige Raumtrakte mit kostbarem Dekor des Klassizismus zerstört. Ein Jahrzehnt später, 1922/23, wurde die Residenz zu einem Schlossmuseum umgestaltet.

Nach den dürftigen Restaurierungsarbeiten 1970–89, die besonders im Dachstuhl teilweise zu großen Schäden geführt hatten, wurde 1991 ein umfassendes Restaurierungsprogramm beschlossen. Die Renovierung der Außenarchitektur des Südflügels konnte 2005 abgeschlossen werden. 2011 wurde die Totalsanierung der Residenz aus nicht klar erkennbaren Gründen verschoben, seit Sommer 2018 ist sie nun aber inklusive des Schlossmuseums für voraussichtlich etwa fünf Jahre geschlossen.

Architektur: Die architektonische Gestalt der Schlossanlage ist Ergebnis der Arbeiten mehrerer Baumeister verschiedener Jahrhunderte. Deutlich erkennbar sind zwei völlig unterschiedliche Baukörper: An der Südwestecke haben die pittoresken Gebäude der alten Schlossanlage als Einzige die verheerenden Brände der Jahre 1424, 1618 und 1774 überstanden. Nordwestlich davon breitet sich die dreigeschossige Vierflügelanlage mit offenem Zentralhof aus (heute sind hier das Museum und die Verwaltung der »Klassik Stiftung Weimar« untergebracht).

Der untere Schaft des **Schlossturms**, auch »Hausmannsturm« genannt, geht auf die Burganlage des 12./13. Jh.s zurück. Der Turmaufsatz mit dem barocken Turmabschluss, ein Ersatz für den gotischen Turm, ist eine Arbeit von Gottfried Heinrich Krohne aus den Jahren 1726–29. Hoch oben im Turm trägt eine Holzkonstruktion die 16 Tonnen schwere Bronzeglocke des Bronzegießers Nikolaus Jonas Sorber von 1712/13. Turmspitze und Wetterfahne wurden 1988 erneuert.

Vom Rathaus kommend, stößt man am Übergang von der Stadt zum alten Residenzschloss direkt auf den mittelalterlichen Gebäudekomplex der alten Burg. Verschiedene Bauteile wie etwa die Kreuzgratgewölbe im Erdgeschoss gehen auf das 12./13. Jh. zurück. Dendrochronologische Untersuchungen datieren die Bauhölzer um das Jahr 1390. Dort, wo heute Stadt und Schlossanlage aneinandergrenzen, verlief ursprünglich der mit Wasser gefüllte Burggraben. Eine Zugbrücke gab den Weg frei zu dem heute noch erhaltenen Burgtor. Der verwinkelte, mit unterschiedlichen Dachformen gestaltete Baukörper des **Torbaus** mit seinem segmentartigen Torbogen zeigt Formen der Renaissance und erhielt 1975 wieder seine originale Farbfassung. Das Portal und die reichen Schmuckmotive wurden ursprünglich von Nikolaus Gromann in den Jahren 1545/50 gestaltet. Über dem Portal erinnert ein Wappen an den Bauherrn, Kurfürst Herzog Johann Friedrich I. von Sachsen. Die Kurschwerter im Zentrum weisen auf die Kurwürde hin. Eigenartig sind die Darstellungen von Delphin, Putto und Kind. Über dem Portal an der Wandfläche zum Residenzschloss hin, zum ehemaligen mittelalterlichen Burghof, ist das älteste Wappenbild der Stadt Weimar zu sehen (aus dem Jahr 1439). Die lateinische Inschrift berichtet von der Fertigstellung des Tores: »Seit des Herrn Geburt 1439 sind diese thüringische Wehr und der Bau des Tores vollendet worden«. Der kleine zweigeschossige Barockbau mit dem Walmdach, links des alten Gebäudes mit dem Portal zur Burg unmittelbar vor dem Turm, ist das sog. Hofdamenhaus aus der Zeit vor 1750.

Der heutige Besucher betritt das Residenzschloss zumeist von der Südseite, vom Park an der Ilm her kommend. Bis 1912 existierte dieser dreigeschossige **Südflügel** nicht, der offene Hof des dreiflügeligen Residenzschlosses ging fließend in die Parklandschaft über. 1912–14 wurde die Südfassade mit ihrem 13-achsigen Mittelteil zwischen die Kopfbauten des West- und des Ostflügels eingespannt und der barocken Fassadenfassung der Südseite des Ostflügels angeglichen. Heute befinden sich im Erd- und Obergeschoss Verwaltungsräume der »Klassik Stiftung Weimar«.

Überquert man den Innenhof in gerader Richtung nach Norden, gelangt man zum Eingang des Schlossmuseums im **Nordflügel** und über eine Treppe zu den zugänglichen Räumen des Obergeschosses.

Von der Stadtseite führen Stufen, von zwei kauernden Löwen flankiert, zu dem Torbogen des zweigeschossigen Flügelbaus, der ebenfalls den Weg zum Innenhof freigibt. Im südlichen Kopfbau des **Westflügels** liegt die 1847 vollendete Schlosskapelle.

Im **Ostflügel** befindet sich der einstige Hauptzugang zur Residenz, der heute nur für Veranstaltungen geöffnet ist. Der Weg führt durch das Treppenhaus von Heinrich Gentz zum Thron- und **Festsaal**. Er ist das gelungene architektonische Meisterwerk der Residenz, an dessen Gestaltung die drei Architekten Johann August Arens, Nikolaus Friedrich Thouret und Heinrich Gentz sowie die Bildhauer Conrad Wolff und Friedrich Tieck mitwirkten. Grundlage für die Ausgestaltung 1801–03 war die Konzeption Goethes, hier antike Kulturen – Ägypten, Persien, Griechenland, Rom – zu zitieren. Vorbild war das von dem venezianischen Architekten Andrea Palladio in seinem Werk *Quattro libri dell'architettura* beschriebene

»ägyptische Zimmer«. Entsprechend wurden u.a. folgende Elemente realisiert: Die Sphinx-Darstellungen an dem umlaufenden Friesdekor sind Reminiszenzen an Ägypten – ganz ähnlich denen am Antoninus-Faustina-Tempel auf dem Forum Romanum; die Löwen entsprechen Nachbildungen der ägyptischen Löwen vom Kapitol in Rom; die »Hieroglyphen« auf den Bronzeplatten an der Ostwand gehen zurück auf Keilschrifttexte der Kultur Persiens; die edlen ionischen Kapitelle mit zarter Vergoldung und die Rankenmotive weisen hin auf Vorbilder des Erechtheions von der Akropolis in Athen.

Platz der Demokratie

Im Umkreis des Platzes der Demokratie befinden sich mehrere sehenswerte historische Gebäude, von denen die meisten im Zusammenhang mit den Weimarer Herzögen stehen. Ende des 16. Jh.s breitete sich hier noch ein ummauerter großer Renaissancelustgarten aus. Im Zentrum stand ein Brunnen mit einem hohen Monopteros über drei Etagen. Die um den Platz gruppierte Bebauung von »Grünem Schloss«, »Rotem Schloss« und Bibliothek geht auf die Zeit von 1777 bis 1820 zurück. Das Carl-August-Reiterdenkmal ist ein Werk aus dem Jahr 1875. Der heutige Platz entspricht in Form und Größe dem auch ursprünglich öffentlich zugänglichen historischen Stadtraum und wurde 2005 neu gepflastert.

Carl-August-Reiterdenkmal (Platz der Demokratie; I C2): Das Denkmal wurde am 3. September 1875 anlässlich des 100. Jahrestags des Regierungsantrittes Herzog Carl Augusts enthüllt. Es ist das erste seiner Art, das in Weimar geschaffen wurde, und das einzige erhaltene Reiterstandbild der Stadt. Ursprünglich war Ernst Rietschel mit dem Entwurf für das Denkmal beauftragt. 1867 erhielt jedoch sein Schüler Adolf

Das Reiterdenkmal, ein Werk Adolf von Donndorfs, wurde 1875 anlässlich des 100-jährigen Regierungsantrittes Herzog Carl Augusts enthüllt

von Donndorf aus Weimar, der u. a. auch das Lutherdenkmal in Worms vollendete, den Auftrag. Sein Vorbild war das Reiterstandbild von Marc Aurel in Rom aus der Zeit um 165 n. Chr., das ursprünglich vollständig vergoldet war. Carl August ist allerdings ganz nach barocker Formensprache mit einer preußischen Generalsuniform und einem Ehrendegen (nicht Säbel) dargestellt. Sein faltenreicher Hermelinmantel und sein Lorbeerkranz verleihen ihm Grandezza und Herrscherwürde. Das Denkmal wurde 1997 und 2000 restauriert.

◆ **Herzogin Anna Amalia Bibliothek** (ehem. Grünes Schloss, seit 1991 Herzogin Anna Amalia Bibliothek; Platz der Demokratie 1; I C2): Die Bibliothek der Herzogin Anna Amalia, Teil des UNESCO-Weltkulturerbe-Ensembles »Klassisches Weimar«, geht zurück auf die 1691 von Herzog Wilhelm Ernst I. gegründete Bibliothek seiner 1400 Bücher, die er der Öffentlichkeit zugänglich machen wollte. Diese war allerdings noch im Residenzschloss untergebracht. Erst Anna Amalia ließ die Bibliothek aus der Residenz auslagern – sie sollte einen neuen würdevollen Raum erhalten – und 1761–66 das Grüne Schloss zu diesem Zweck umbauen.

Ursprünglich nahm man an, das **Grüne Schloss** habe seinen Namen aufgrund der grünen Farbigkeit seines mit Kupfer eingedeckten Daches. Doch bei den Restaurierungsarbeiten nach dem Brand 2004 entdeckte man einen originalen Fußboden mit grünen Fliesen. Auch die Tür zum Treppenturm ist grün. Einst standen hier fünf verschiedene Baukörper, die parallel zur Ilm die Ostseite des heutigen Platzes der Demokratie abgeschlossen haben. Von diesen Gebäuden haben sich aber lediglich die erdgeschosshohen Wände des ehemaligen Turmes der Stadtbefestigung aus dem Jahr 1453 erhalten. Dieser alte Befestigungsturm bildet heute den südlichen Abschluss der Bibliothek; 1818 wurde die Eichenholz-Spindeltreppe vom Schloss Osterburg Weida in Ostthüringen aus dem Jahr 1671 eingebaut.

Die Umgestaltung des gesamten Platzes im Zusammenhang mit dem Abriss der mittelalterlichen Bebauung im Bereich der Stadtmauer geht auf Herzog Johann Wilhelm I. zurück, der ab 1565 als erster Herzog aus der ernestinischen Linie der Wettiner in Weimar regierte. Zuvor war er nach dem Tod seines Vaters Johann Friedrich I. im Jahr 1554 gemeinsam mit seinem Bruder Johann Friedrich II. Regent von Sachsen-Weimar. Bereits 1560, im Jahr seiner Eheschließung mit Prinzessin Dorothea Susanna von der Pfalz, fasste er den Plan, sich nahe der Stadtmauer mit Blick zum Ilmufer, südlich der Residenz ein kleines privates Schloss zu bauen. Die Entwürfe dafür stammen von Nikolaus Gromann, der 1562 mit den Bauarbeiten begann. Nach Gromanns Tod 1567 führte Erhard van Mehren die Arbeiten fort, die er 1569 vollendete. Entstanden ist ein Juwel deutscher Renaissancebaukunst nach italienischem Vorbild. Das dreigeschossige Schlösschen erstreckte sich ehemals vom mittelalterlichen Turm, der 1573 mit einbezogen wurde, Richtung Süden zur Residenz über vier Achsen, hatte im Erdgeschoss Arkaden zum Lustgarten hin und im Obergeschoss einen Galeriegang. Ganz nach dem Geschmack der Renaissance waren die Fassaden mit Sgraffitostuck überzogen, den ein umlaufendes Schriftband über dem Obergeschoss schmückte. Das Dachgeschoss bestand aus vier Zwerchgiebeln.

Das Grüne Schloss wurde über fast zwei Jahrhunderte unterschiedlich genutzt. Im 17. Jh. war es Nebenresidenz für verschiedene Herzöge Weimars: Nach Johann Wilhelm I., dem Gründer, wohnte hier sein Sohn Johann III., dann dessen Sohn Herzog Bernhard, der hier sogar geboren wurde, und schließlich Bernhards Bruder Herzog Ernst der Fromme. Danach wurde das Schloss zunehmend vernachlässigt. Kurze Zeit diente es der herzoglichen Familie als Grablege, bis es 1732 Zeughaus für die herzogliche Waffenkammer wurde. Der Umbau zur Bibliothek durch Johann George Schmidt, der besonders in Dresden tätig war, unter Anna Amalia 1761–66 brachte schließlich die großen Veränderungen.

August Friedrich Straßburger entkernte die beiden Obergeschosse des Schlosses für den Bibliotheksumbau bis auf die Außenmauern vollständig. Das Dach und die Außenmauern des zweiten Obergeschosses ließ man abbrechen. In diesem neu gewonnenen Innenraum fügte man über zwei Etagen einen aus Holz gefertigten ovalen »Bücherkern« ein, der durch Pfeiler, Bogendurchgänge und Bücherregale fein gegliedert wurde. Unter dem neu entstandenen Walmdach brachte man den Lesesaal unter. Straßburger schuf zudem den wunderbaren **Rokokosaal**, der nach dem verheerenden Brand am 2. September 2004 mit bewundernswerter Einfühlung wiederhergestellt wurde und seit dem 24. Oktober 2007 wieder für die Öffentlichkeit zugänglich ist. Die Raumschöpfung gehört zu den bedeutendsten Beispielen Europas, sie ist eine gelungene Synthese von Zweck- und Repräsentationsbau.

Die Bibliotheks-Oberleitung übernahmen 1797 Goethe und Christian Gottlob von Voigt. Zu den wertvollen Altbeständen gehören u. a. die *Luther-Bibel* von 1522 und die *Schedel'sche Weltchronik* von 1493. Da sich der Bücherbestand von ehemals 1400 Exemplaren aber schon zu Goethes Zeit enorm vergrößert hatte (auf etwa 120 000 Bücher; heute sind es gut 1,4 Millionen!), wuchs die Raumnot. Erste Abhilfe schuf ein südlicher Anbau nach Plänen von Heinrich Gentz in den Jahren 1803–05. Auf Goethes Anregung wurde der mittelalterliche Befestigungsturm aus dem Jahr 1453 zusammen mit dem Bau des neuen Anbaus 1821–25 von Coudray und Steiner integriert. 1823 entstand der neugotische Verbindungsbau zwischen Turm und Bibliothek. Auch die Erweiterung 1844–49 nach Norden hin erfolgte nach Plänen von Coudray. Er verlängerte den Kernbau der Bibliothek um zwei Fensterachsen und verlieh den dreigeschossigen Fassaden des ehemaligen Grünen

Der von 2004 bis 2007 restaurierte Rokokosaal der Herzogin Anna Amalia Bibliothek gehört zu den großartigsten Raumschöpfungen Europas

Schlosses ein einheitliches klassizistisches Erscheinungsbild. Die Erweiterung nach Norden ist somit von außen nicht als solche zu erkennen. Coudrays Erweiterungsbau nach Süden hingegen ist an der Ostfassade der Bibliothek deutlich zu erkennen. Die vier älteren Fenster (links) in der Erdgeschosszone stammen noch vom Grünen Schloss und haben vergoldete Fenstergitter. Sie zeigen von außen im Wechsel unterschiedliche Wappenbilder und Initialen aus dem Jahr 1563, und zwar die der Bauherren Herzog Johann Wilhelm I. und Herzogin Dorothea Susanna von der Pfalz; sie haben folgende Bedeutung: IVG (links oben: »Ich vertraue Gott«); HWHzS (links unten: »Hans (Johann) Wilhelm Herzog zu Sachsen«); GSMT (rechts oben: »Gott sei mein Trost«); DSHzS (rechts unten: »Dorothea Susanna Herzogin zu Sachsen«).

Fürstenhaus (heute Franz-Liszt-Hochschule für Musik; Platz der Demokratie 2; I C2): Das Gebäude wurde ursprünglich im Auftrag von Anna Amalia als »Landschaftsgebäude« für die Landstände des Fürstentums 1770–76 nach Plänen des Architekten Johann Gottfried Schlegel errichtet. Heute bildet es den südlichen Abschluss des Platzes der Demokratie, damals nahm es den südlichen Teil des Residenzgartens bis zur mittelalterlichen Stadtmauer ein. Doch bereits 1774, nach dem verheerenden Brand des Residenzschlosses am 6. Mai, bezog die herzogliche Familie das nur teilweise fertige Anwesen und bewohnte es bis 1803. Seit dieser Zeit wird das Gebäude mit seinen ursprünglich sehr schlichten Fassaden »Fürstenhaus« genannt. Die Südfassade zum Haus der Frau von Stein hin zeigt noch diese einfache Struktur. Die Nordfassade hingegen wurde im Zuge der Gestaltung des Fürstenplatzes mit der Aufstellung des Carl-August-Denkmals im Jahr 1875 überarbeitet. Ein Wettbewerb entschied über die neue barockisierende Fassade. Nach Plänen von Julius Bormann fügte man ihr 1889 ein Postament mit sechs korinthischen Säulen über zwei Etagen und einem schlanken Architrav hinzu, der von einer Balustrade und Vasen bekrönt wird.

Nachdem Großherzogin Luise das Gebäude von 1828 bis zu ihrem Tod 1830 als Witwensitz genutzt hatte, wurde das Fürstenhaus immer wieder für Verwaltungszwecke genutzt. Während der NS-Diktatur war es u. a. der Sitz des Reichsstatthalters der NSDAP-Gauleitung von Thüringen. Aufgrund der vielfachen Eingriffe in die Bausubstanz sind heute vom Originalzustand nur noch Teile des Treppenhauses und der Konzertsaal erhalten.

An der Nordseite des Gebäudes, im ehemaligen Fürstengarten, steht an der Nordwestecke, direkt dem Turm der Anna Amalia Bibliothek gegenüber, ein fast 200 Jahre alter **Ginkgo-Baum** (›Silber-Aprikose‹). Der Ginkgo ist weder ein Nadel- noch ein Laubbaum; die Sonderform zeigt sich in der zweiförmigen Blattform (biloba). Der Ginkgo ist ursprünglich in China heimisch gewesen, in Europa ist er seit 1735 verbreitet. Das Exemplar im ehemaligen Fürstengarten wurde wahrscheinlich zu Goethes Zeiten im Jahr 1813 gepflanzt. Weltberühmt wurde er durch Goethes Gedicht »Ginkgo biloba«, das dieser 1815 für Marianne von Willemer schrieb und 1819 in seinem *West-östlichen Divan*, im *Buch Suleika*, veröffentlichte:

Ginkgo Biloba

Dieses Baums Blatt der von Osten
Meinem Garten anvertraut
Gibt geheimen Sinn zu kosten
Wie's den Wissenden erbaut,

Ist es Ein lebendig Wesen
Das sich in sich selbst getrennt?
Sind es zwei die sich erlesen
Dass man sie als Eines kennt?

Solche Frage zu erwidern
Fand ich wohl den rechten Sinn
Fühlst du nicht an meinen Liedern
Dass ich Eins und doppelt bin?

Goethe, *West-östlicher Divan*, 1819.

Haus der Frau von Stein (nördlich vom Fürstenhaus, gegenüber vom Ginkgo-Baum; Ackerwandstraße 25/27, Puschkinstraße; I C2): Das barocke Gebäude ist ein Werk von Anton Georg Hauptmann aus den Jahren 1770–73 und gehört damit in die gleiche Bauperiode wie das südlich anschließende Fürstenhaus. Das Grundstück des Gebäudes nimmt den markanten Raum an der Südostecke der historischen Stadt ein und leitet mit seiner Hauptfassade im Süden (Ackerwandstraße) direkt in den Park an der Ilm über. Ursprünglich stand an dieser Stelle ein Stiedenvorwerk (Wirtschaftsgebäude), das erstmals 1361 urkundlich erwähnt wurde und 1612 in den Besitz der herzoglichen Familie überging. Nachdem das Anwesen 1776/77 im Obergeschoss für Wohnzwecke umgebaut worden war, kaufte Oberstallmeister Freiherr von Stein den westlichen Teil und bewohnte ihn mit seiner Gemahlin Charlotte. Charlotte von Stein war Hofdame von Anna Amalia und eine sehr enge Freundin des sieben Jahre jüngeren Johann Wolfgang von Goethe. Sie lebte in diesem Haus bis zu ihrem Tod 1827.

Anlässlich der Hochzeit der russischen Zarentochter Maria Pawlowna mit Großherzog Carl Friedrich am 3. August 1804 wurde im Erdgeschoss eine russisch-orthodoxe Kapelle für die neuen russischen Bürger eingebaut; sie wurde bis 1909 genutzt. Zahlreiche Umbauten für verschiedene Nutzungen (besonders im Erdgeschoss) zerstörten die ursprüngliche barocke Raumaufteilung erheblich. 1996–2009 war u. a. das Goethe-Institut hier untergebracht. 2008 hat die Stadt Weimar das Anwesen an den spanischen Investor und Kunstsammler Joan Xavier Bofill verkauft. Doch noch immer wartet die Stadt auf Vertragserfüllung: das geplante Privatmuseum für zeitgenössische Kunst mit dem Schwerpunkt Salvador Dalí wurde immer noch nicht in Angriff genommen.

Goethe-Hafez-Denkmal (Beethovenplatz; I C3): Vom Haus der Frau von Stein sind es nur wenige Schritte über die Ackerwandstraße zum Beethovenplatz am Park an der Ilm. Hier befindet sich das im Jahr 2000 von Bundespräsident Johannes Rau und dem iranischen Staatspräsidenten Mohammad Chātami eingeweihte Goethe-Hafez-Denkmal. Gestiftet wurde das Monument in Erinnerung an die beiden großen Dichter des Orients und Okzidents und an Goethes *West-östlichen Divan* durch die UNESCO. Ausführende Künstler waren Ernst Thevis und Fabian Rabsch. Die Grundidee für dieses Monument sind der kulturelle Dialog und die Toleranz über alle Grenzen hinweg als Symbol für die Völkerverständigung. Die Geistesverwandtschaft zwischen Goethe und Hafez, zwischen Orient und Okzident, sollte sinnbildlich zum Ausdruck kommen: Auf einer mit Ornamenten und Schriften geschmückten Bodenplatte stehen zwei überdimensionale Granitstühle in Ostwestausrichtung. Sie sind aus einem Granitblock geschnitten und symbolisieren damit eindrucksvoll die gemeinsamen Wurzeln von Religion und Kultur und das Zusammengehören der Menschen in der ganzen Welt. Auf der Bodenplatte sind folgende Texte von Goethe (Ost- und Westseite) und Hafez (Zentrum) angebracht:

Wer sich selbst und andere kennt
Wird auch hier erkennen
Orient und Okzident
Sind nicht zu trennen.

Herrlich ist der Orient
Übers Mittelmeer gedrungen
Nur wer Hafez liebt und kennt
Weiss was Calderon gesungen.

Goethe, *West-östlicher Divan*, 1819.

Deiner Liebe widmeten wir uns ein Leben lang,
der Heuchelei vor den Menschen abgeschworen.
Auf dem Wege der Erkenntnis,
die Schule und ihre Streitereien aufgegeben,
verloren für die zauberhaften Augen das Leben,
für das dunkle Haar das Herz gegeben.
In der Hoffnung auf einen Wink,
schauten auf deine Augenbraue ein ganzes Leben,
eroberten das Land der Ruhe nicht mit der Armee,
bestiegen den Thron der Herrschaft nicht mit Gewalt,
glaubten an den Zauber des Liebäugelns;
wussten doch nicht, welcher Magie die Geliebte fähig ist.
Ohne den Halt ihres wilden Haares,
senkten den schwermütigen Kopf wie ein Veilchen,
wie die Mondbetrachter in der Ecke der Hoffnung,
richteten die Blicke auf dein Erscheinen.
Wo ist dein verlorenes Herz, Hafez, fragst du mich,
in deinen Locken versteckt, antworte ich.

Aus dem *Buch Hafez* (in persischer Sprache
ausgewählt von Mohammad Chātami)

Seit 2009 ehrt Weimar jedes Jahr am 12. Oktober den in der orientalischen Welt hochgeehrten persischen Dichter Hafez (um 1320 – um 1389) mit musikalischen und literarischen Veranstaltungen. Der 12. Oktober scheint erst 1971 von Schah Reza

Pahlavi anlässlich der 2500-Jahr-Feier in Persepolis als Ehrentag für Hafez eingeführt worden zu sein, vermutlich in Erinnerung an den 12. Oktober 539 v. Chr., als die persischen Truppen von Kyros d. Gr. kampflos in Babylon einzogen. Im April 2010 wurde der Weimarer Hafez-Gedenktag auf Antrag des Autors dieses Buches in die »offizielle Projektliste der UNESCO zum Internationalen Jahr für die Annäherung der Kulturen« aufgenommen.

Rotes Schloss (Platz der Demokratie 4 / Markt 15; I C2): Rotes Schloss, Gelbes Schloss, Hauptwache und das Studienzentrum der Anna Amalia Bibliothek nehmen heute an der Nordwestseite des Platzes der Demokratie im Grundriss eine langgestreckte Trapezfläche östlich des Marktes ein, nordwestlich der Anna Amalia Bibliothek. Die Straßenzüge Kollegiengasse, Grüner Markt, Platz der Demokratie und Markt umschreiben den historischen Stadtraum mit Bausubstanz aus unterschiedlichen Jahrhunderten. Zu dem zusammenhängenden Gebäudekomplex von Rotem und Gelbem Schloss gehören ferner der Gleichensche Hof, die Hauptwache und die Holzställe. Das gesamte Areal steht heute unter Ensembleschutz. Der 2001–05 errichtete moderne Bücherkubus des Studienzentrums fügt sich in den Innenhof dieses historischen Areals ein.

Herzog Johann Wilhelm I. ließ 1573 Bürgerhäuser östlich des Marktplatzes niederreißen, um Platz für das geplante Rote Schloss zu erhalten, das er als Witwenpalais für seine Frau Herzogin Dorothea Susanna (Tochter von Kurfürst Friedrich III. von der Pfalz) vorsah. Die Bauarbeiten für das Renaissanceschloss mit seiner Hauptfassade zum Markt hin nahmen knapp drei Jahre in Anspruch (1574–76). Die schlichte Hauptfassade zeichnet sich durch drei Giebel mit zwei übereinanderliegenden Fensterreihen aus. Hauptschmuck der Fassade ist das farbig gefasste Renaissanceportal mit einem Bildprogramm, das auf die Witwe Dorothea Susanna Bezug nimmt:

Der Bücherkubus des Studienzentrums der Anna Amalia Bibliothek (2005) vereint moderne Architektur mit historischer Bausubstanz

Mittig angeordnet ist ihr Familienwappen, und es wird umrahmt von verschiedenen Wappen der herzoglichen Familien von Sachsen-Weimar. Über dem Feld mit den Wappen, in der Dreiecksfläche des Tympanons, erkennt man das Porträt des verstorbenen Gatten, Herzog Johann Wilhelm I. Fünf trauernde Putti – der oben links auf der Schräge sitzende Putto hält einen Totenkopf in den Händen – verweisen auf den Witwenstand der Herzogin. Das auf der rechten Seite sitzende Knäblein soll, passend zum Thema, eine Sanduhr halten.

An der rückwärtigen Ostseite des Schlosses mit den beiden erhaltenen Renaissancetreppenhäusern, dort, wo sich heute ein langgestreckter Innenhof befindet, gab es einen direkten Übergang zum einstigen Lustgarten. Ein umlaufender offener, aber überdachter Gang verband das Rote Schloss mit der Residenz und dem Grünen Schloss (heute Anna Amalia Bibliothek). Um 1590 wurde das Schloss entlang der Kollegiengasse nach Norden hin (Richtung Grüner Markt / Residenz-Café) um weitere vier Achsen verlängert. Von dem hier anschließenden ehemaligen Gleichenschen Hof des Grafen von Gleichen (aus dem Jahr 1577) sind nur noch die Außenwände erhalten: Das zweigeschossige Gebäude wurde entkernt und dem Raumprogramm des **Studienzentrums** der Anna Amalia Bibliothek hinzugefügt. Die Verbindungsbrücke zu den gegenüberliegenden Gebäuden über die Kollegiengasse stammt aus dem Jahr 1935. An dem nördlichen Giebel des Hauses schließt unmittelbar das Gelbe Schloss an.

Der Name »Rotes Schloss« ist urkundlich erstmals im Jahr 1691 erwähnt; woher er rührt, ist ungewiss. Eine einst rote Farbfassung der Fassaden konnte bisher nicht nachgewiesen werden. Nach dem großen Schlossbrand von 1618 nutzten die Regenten das Rote Schloss teilweise als Residenz. Auch im 18. Jh. diente der Bau einigen Herzögen von Weimar als privater Wohnsitz; so wohnte hier etwa um 1700 Herzog Johann Ernst III. Ab 1703 war das Rote Schloss zudem die erste Wirkungsstätte von Johann Sebastian Bach in Weimar. An seine Schaffenszeit an diesem Ort und an sein Wirken in Weimar erinnert heute an der Südseite des Schlosses eine Bronzebüste, eine Arbeit des international renommierten Künstlers Bruno Eyermann aus dem Jahr 1950; sie wurde 1995 hier aufgestellt. Heute wird das Gebäude von der Stadtverwaltung genutzt.

Gelbes Schloss (Ecke Kollegiengasse / Grüner Markt, gegenüber vom Residenz-Café; I C2): Das zweigeschossige Schloss aus der Barockzeit mit der gelblich gehaltenen Fassade gehört zum historischen Gesamtschlösserensemble von Weimar und zu dem Gesamtkomplex der historischen Bausubstanz nordwestlich des Platzes der Demokratie. Es schließt nördlich an das Rote Schloss an und bildet die Ecke Kollegiengasse / Grüner Markt. Herzog Johann Ernst III. ließ es 1702–04 wahrscheinlich nach einem Entwurf von Johann Mützel für seine zweite Ehefrau Charlotte Dorothea errichten. Die Herzogin nutzte es später tatsächlich als Witwenpalais. Johann Sebastian Bach unterrichtete hier die beiden Prinzen Ernst August I. (Stiefsohn von Charlotte Dorothea aus erster Ehe ihres Gatten mit Sophia Augusta) und Johann Ernst IV. Nach dem Tod der Herzogin wurde das Schloss anfänglich von Bürgern als Privatwohnung genutzt – 1761 wurde der Dramatiker und Bühnenautor August von Kotzebue in diesem Haus geboren, und er verbrachte hier seine Jugend –, später diente es der Verwaltung.

Von der Hauptfassade des Gelben Schlosses mit einst zwei Portalen an der Seite des Grünen Marktes ist heute nur noch ein Portal übrig, das als Fenster mit einer Balustrade ausgebildet ist. Die ursprüngliche architektonische Gestaltung mit ionischen Halbsäulen, gesprengtem Giebel, Monogrammkartusche mit den Initialen CDS (»Charlotta Dorothea Sophia«) und Herzoginnenhut, flankiert von zwei bekrönten Löwen, ist noch sehr gut erhalten. Über der Fensterreihe des Erdgeschosses sind schmiedeeiserne Zuganker (1994 erneuert) mit folgenden Versalien angeordnet: CDSDSLHH (»Charlotta Dorothea Sophia Dux Saxoniae Landgravia Hasso Homburgiae«, Herzogin von Sachsen, Landgräfin von Hessen-Homburg). Auf der Wandfläche in der Kollegiengasse sind die schmiedeeisernen Ziffern »1704«, die Jahreszahl der Fertigstellung des Gebäudes, angebracht. Der Kernbau des Schlosses wurde in das Raumprogramm des Neuen Studienzentrums eingegliedert, so dass heute von der alten Substanz nur noch die Fassadenwände erhalten sind.

Hauptwache (Ecke Grüner Markt / Platz der Demokratie, gegenüber vom mittelalterlichen Eingang zum Stadtschloss; I C2): In östlicher Verlängerung des Gelben Schlosses Richtung Stadtschloss wurde nach Plänen von Clemens Wenzeslaus Coudray 1834–38 die dreigeschossige klassizistische Hauptwache als Eckgebäude errichtet. Doch heute sind größtenteils nur noch die Fassaden erhalten, die Innenräume wurden umgestaltet und gehören ebenfalls zum Neuen Studienzentrum.

Die elegante klassizistische Nordfassade zum Grünen Markt zeigt vier Achsen mit Rundbogenfenstern im Erd- und Obergeschoss und rechteckigen Fenstern im zweiten Obergeschoss. Diese Gliederung wird auch von der Hauptfassade nach Osten zum Burgplatz hin aufgenommen. Ursprünglich handelte es sich um einen streng axialen Baukörper, bestehend aus einem giebelbekrönten Mittelrisalit mit drei Achsen und je zwei Fensterachsen links und rechts. 1911 entschloss man sich zu einer Erweiterung der Hauptwache und verlängerte den ursprünglichen Baukörper mit der gleichen klassizistischen Fassadengestaltung um insgesamt sechs weitere Fensterachsen nach Süden. Durch diese Erweiterung erscheint die Fassade heute völlig symmetrisch. Die beiden Risalite mit Giebelabschluss werden in der Mitte von drei sowie links und rechts von je zwei Fensterachsen begleitet. Die breit gelagerte Fassade zum Ilm-Park hin ist ein schönes Beispiel gelungener Architektur des Klassizismus.

Holzställe (Platz der Demokratie 4; I C2): Zwischen Hauptwache und Rotem Schloss sieht man heute als Verbindungselement parallel zum Park an der Ilm (Platz der Demokratie) die eingeschossige Wand der ehemaligen Holzställe. Durch diese geschickte architektonische Lösung von Coudray entstand an der Ostseite des Roten Schlosses ein Innenhof mit einer einheitlichen Fassade zum Park hin. Zugleich verbindet die Wand das Schlösserensemble zu einer Einheit. Für diese Baumaßnahmen des Jahres 1820 wurden bereits 1808 verschiedene Bauteile an der Ostseite des Roten Schlosses abgerissen. Die so entstandene Freifläche nutzte Coudray für eine Hofgestaltung mit östlich angrenzenden Ställen zur Aufbewahrung von Brennholz.

Erste Veränderungen der Holzställe erfolgten 1911 bei der Verlängerung der Hauptwache nach Süden. Damals riss man das nördliche Giebelportal, durch das Pferdewagen zu den Holzställen fuhren, nieder und ersetzte es weiter südlich, wo es heute noch steht. Das zweite, südliche Giebelportal ist noch im Originalzustand erhalten. Lediglich die Mauer zwischen den beiden Toren musste 2004/05 abgerissen werden, damit die Baufahrzeuge zum Studienzentrum der Anna Amalia Bibliothek gelangen konnten; sie wurde später aber wieder originalgetreu aufgebaut. Die weiter nach Süden verlaufende Wand schließt direkt an das südöstliche Renaissancetreppenhaus des Roten Schlosses an.

Neues Studienzentrum der Anna Amalia Bibliothek (»Bücherkubus«; Platz der Demokratie 4; I C2): Die beiden Architekten der Bauhaus-Universität Weimar Hilde Barz-Malfatti und Karl-Heinz Schmitz haben in die historische Bausubstanz des Schlösserensembles Rotes und Gelbes Schloss eingegriffen und mit dem Bücherkubus eine beispielhafte Lösung für die Nutzung mittelalterlicher Bausubstanz für moderne Zwecke geschaffen. Bilden im Nordwesten des Ensembles nach wie vor die Schlösserfassaden die architektonische Außengestalt, so hebt sich im Innenhof der moderne Kubus kontrastreich von der Renaissancearchitektur ab. Am 4. Februar 2005 wurde das nahezu barrierefreie Studienzentrum der Anna Amalia Bibliothek dem Publikum übergeben. Mit seiner Mediathek im Erdgeschoss und dem großen Lesesaal gehört es heute zu den modernsten Bibliotheken der Welt. Technisch und funktionell auf dem höchsten Stand, stehen dem Nutzer mehr als 700 aktuelle Zeitungen und 100 000 Bände der neuesten Fachliteratur zur Verfügung. Schwerpunkt der Sammlungen sind Werke der deutschen Literatur aus der Zeit ab 1800 sowie Bücher der Geistes- und Kulturwissenschaft. Insgesamt birgt die Bibliothek mehr als eine Million Bände, darunter Musikalien, Inkunabeln, mittelalterliche und frühneuzeitliche Handschriften.

Reithaus (Platz der Demokratie 5, südöstlich vor dem Stadtschloss, direkt an der Ilm, gegenüber vom Studienzentrum der Anna Amalia Bibliothek; I C2): Das Reithaus wurde 1715–18 von Christian Richter II. als Barockbau errichtet; auch Theateraufführungen fanden in dem Gebäude statt. Ursprünglich gehörte es zu einem Ensemble großherzoglicher Wirtschaftsgebäude (wie Brau- und Malzhaus, Schmiede, Sattlerei, Wagnerei und Stellmacherei), doch 1802/03 waren sie alle in einem derart schlechten Zustand, dass sie mit Ausnahme des Reithauses abgerissen wurden. Ein Jahr später erhielt Heinrich Gentz den Auftrag für eine Umgestaltung des Reithauses, die dem Baukörper dann sein heutiges klassizistisches Aussehen verlieh. Um 1920 gestaltete Walter Gropius die Innenräume für die Bedürfnisse der Verwaltung um. Heute ist das Gebäude eine »Europäische Jugendbildungs- und Begegnungsstätte« und Sitz des Goethe-Instituts Weimar.

Der Marktplatz, die Mitte Weimars

Der Marktplatz beim Rathaus im südlichen Teil der Altstadt bildet heute das Zentrum der Stadt. Er geht auf die Stadterweiterung nach dem großen Stadtbrand 1299 zurück, lag damals aber ganz ungewöhnlich am (südlichen) Stadtrand: Hauptmarktplatz war zuvor der Stadtraum vor der Herderkirche gewesen, doch da hier gleichzeitig der Friedhof angelegt war, entschieden sich die Stadtväter, den neuen Platz für den Viktualienmarkt nach Süden zu verlegen. Seit der Zeit um 1400 wurde der Markt sogar als Turnierplatz für Reiterspiele genutzt. Sein architektonisches Erscheinungsbild mit seiner teilweise sehr gut erhaltenen Renaissancearchitektur geht auf die

Bautätigkeit der Ernestiner im 16. Jh. zurück. Damals entstanden u. a. die alte Hof- und Stadtapotheke (1945 durch Bomben zerstört) und das Cranachhaus. Wertvolle Bausubstanz der Renaissance, wie etwa das Hotel »Elephant«, wurde im Zuge der »Materialästhetik« der 1930er Jahre abgerissen. Das Hotel »Erbprinz« (Markt 16) aus dem Jahr 1749 (ehemals auf dem freien Grundstück links vom Hotel Elephant gelegen) wurde ebenfalls noch vor der Wende abgerissen. Eine Gedenktafel an der Travertinmauer, die einst die Erdgeschosszone vom Hotel Elephant schmückte, erinnert an Johann Sebastian Bach, der 1708–17 in diesem Gebäude wohnte; auch wurden in diesem Haus seine Söhne Wilhelm Friedemann (1710) und Carl Philipp Emanuel (1714) geboren.

Die bedeutendste Veränderung erfuhr der Marktplatz nach dem Brand des Rathauses am 30. November 1837. Damals lag das alte Rathaus wie ein Querriegel in der Nordwestecke des Platzes, so dass es den fließenden Verkehr von der Kaufstraße zum Markt versperrte und den direkten Durchgang zum Frauentor behinderte. Man entschied sich deshalb, das neue Rathaus auf der Bauflucht der Kaufstraße anzulegen. Dadurch vergrößerte sich der Stadtraum an der Westseite um etwa 12 Meter, so dass der Marktplatz seine heutige fast quadratische Größe von etwa 65 × 65 Metern erhielt.

Rathaus (Markt 1; I B2): Urkundlich ist für Weimar ab 1396 ein Rathaus überliefert. Das Rathaus aus den Jahren 1424–31, das im 16. Jh. umgebaut wurde, fiel am 30. November 1837 einer Brandkatastrophe zum Opfer. Die Nordwestecke von dessen gotischem Baukörper hatte in etwa an der Stelle gelegen, wo man heute die rechte Seite der Toreinfahrt zum heutigen Rathaushof sieht. Von hier aus hatte sich das alte Rathaus mit einer Breite von annähernd 25 Metern etwa 12 Meter in die Freifläche des Marktes hinein erstreckt und wie ein Querriegel den direkten Zugang von der Kaufstraße zum Marktplatz (von

Das neugotische Rathaus von Heinrich Hess (1838–41) löst die klassizistische Bautradition Weimars der Goethe-Zeit ab

Norden, vom Herderplatz kommend) versperrt. Nach der Brandkatastrophe entschieden sich die Stadtväter aufgrund einer Bürgerpetition für einen Eingriff in die städtische Bausubstanz, um eine bessere Verkehrserschließung zu gewährleisten, passten die Bauflucht der Rathausvorderseite der Gebäudeflucht der Kaufstraße an und rissen vier beim Brand zerstörte Häuser links zur Windischengasse ab; die Grundstücke schlugen sie dem Marktplatz zu.

Die Pläne für den Neubau stammten von dem Architekten Heinrich Hess, der das Gebäude 1838–41 errichtete. Hess hatte sich mit seinem Entwurf der neugotischen Formensprache gegen den in Weimar hochgeschätzten Clemens Wenzeslaus Coudray durchgesetzt, der eine klassizistische Lösung vorgeschlagen hatte. Das neue Rathaus ist somit zugleich ein Abschied der Verantwortlichen der Stadt von der klassizistischen

Bautradition Weimars, und das Weimarer Exemplar ist eines der ersten dieser Stilrichtung im gesamten deutschsprachigen Raum (im oberfränkischen Hof: 1823 von Georg Erhard Saher; Kolberg: 1836 von Karl Friedrich Schinkel; erst viel später, 1867–1909, in München, von Georg von Hauberrisser). Einige Reminiszenzen der in Weimar beliebten klassizistischen Architektursprache haben dennoch in die Fassade des blockhaften Baukörpers Eingang gefunden, so in den neun Fensterachsen und der klaren Symmetrie der Fassade: Die üblicherweise aufstrebende Gotik wird hier durch die betont horizontale Gliederung mittels spitzbogiger Fenster unterbunden. Zusätzlich zeigen die gotischen Spitzbogenfenster im ersten Obergeschoss emporstrebende Kreuzblumen mit Blattwerk. Die horizontale Betonung wird auch durch die Terrakotta-Werkstücke des Spitzbogenfrieses unter der Traufe und des Kreuzfrieses mit Blattbehang über dem ersten Obergeschoss deutlich. All diese Bauglieder, sowohl die Bündelpfeiler, die Zierfriese aus Terrakotta und die zweibahnigen Maßwerkfenster als auch die doppelreihigen Blattkapitelle, erinnern zugleich an die frühgotische Formensprache der Architektur des Naumburger Domes (um 1250).

Der auf drei Achsen angelegte Altan (Vorbau mit Terrasse) am Haupteingang des Rathauses wirkt wie ein vertikales Gegengewicht zur horizontalen Gestaltung der Fassade zur Marktseite hin. In den Zwickeln des mittleren Spitzbogens dieses Vorbaus sind die Wappen des Großherzogtums Sachsen (links) und der Stadt Weimar zu sehen. Der Eingangsvorbau korrespondiert mit dem dreiachsigen Turmaufbau und dem Glockenturm auf der Hauptachse des Rathauses und betont dadurch die Vertikale der Fassade. Die an dem Turmaufbau angebrachten Maßwerkbalustraden und zusätzliche Ecktourellen (kleine Türmchen) schmückten einst auch das Dach oberhalb der Traufe und verliehen ihm insgesamt eine gewisse filigrane

Leichtigkeit. Diese Architekturglieder wurden 1934 demontiert.

Von den Innenräumen des Rathauses sind besonders der Sitzungssaal mit den neugotischen Schablonenmalereien und die hölzerne Kassettendecke aus dem Jahr 1876 im zweiten Obergeschoss zu nennen. Vom Vorzimmer des Oberbürgermeisters führt ein wiederverwendetes Renaissanceportal des alten Rathauses aus dem Jahr 1583 in dessen Amtszimmer; zwei kannelierte ionische Säulen mit Beschlagwerk-Manschetten tragen einen Architrav mit der Inschrift aus Röm. 12,7: »hat imant ein ambt das warte er mit vleis« (›Ist jemand ein Amt gegeben, so diene er‹); darüber erscheint das Stadtwappen in einem Medaillon mit der Inschrift: »vol bracht worden anno 1583 ist dieser bauw«; flankiert wird das Wappen links von der personifizierten Tugend *Caritas* (Liebe) und rechts von der Tugend *Justitia* (Gerechtigkeit). Im zweiten Vorzimmer links wurde 1838–41 das ältere Renaissanceportal aus dem Jahr 1560 eingebaut: Blattranken mit Drachenköpfen, dazwischen ein Medaillon mit einem Männerkopf (links) und korinthische Kapitelle schmücken die als Pilaster geformten Wandungen der Tür; ein Rundbogen über dem Portal bildet den Giebelabschluss dieses Renaissancewerkes. Das Stadtwappen im Treppenhaus des Rathauses mit der Jahreszahl 1560 schmückt die Giebelfläche. Weiterhin wurde im Treppenhaus ein Wappenstein des Renaissancerathauses angebracht.

Neptunbrunnen (Marktplatz vor der Hof- und Stadtapotheke; I C2): Die Existenz eines Brunnens vor dem Rathaus auf dem Marktplatz ist bereits für 1540 gesichert. 1588/89 sprechen die Annalen der Stadt von einem Löwenbrunnen. 200 Jahre später (1774) wurde der Löwe von dem Bildhauer Martin Gottlieb Klauer durch eine Neptunfigur ersetzt. Der Künstler griff damit das Thema des Neptungemäldes »Quos ego« (*Neptun, die Wogen beschwichtigend* aus Vergils *Aeneis* I,135) von

Rembrandt auf, das sich heute in der Gemäldegalerie Alte Meister in Dresden befindet. Die Neptunbrunnenfigur und sein auf einem Delphin reitender Putto sind aus Elbsandstein gearbeitet und stehen auf einer Sockelplatte, auf der Vergils lateinischer Ausruf »Quos ego« eingemeißelt ist. Das Original dieser Skulpturengruppe befindet sich in den Sammlungen der »Klassik Stiftung Weimar«. Die Kopie vor Ort wurde 1971 hergestellt. 1997 wurde der Brunnen von Grund auf restauriert.

Hof- und Stadtapotheke (Markt 4; I C2): Die Hofapotheke aus der Renaissancezeit (1564) wurde 1945 Opfer alliierter Luftangriffe. Nach der Wende hat man ihr am überlieferten Ort neuen Raum gegeben und die unversehrten Bauteile der Renaissance in den Neubau integriert. Die seitlichen Wandflächen mit den Muschelschalen unter der Kämpferzone und die schlanken Säulen des Portals sind nachempfundene Ergänzungen. Originale Renaissancebauteile sind der Bogen mit den eleganten Ornamenten sowie der segmentförmige Giebelabschluss mit der Konsole in Menschengestalt, die wiederum die Konsole des Erkers trägt. Der Erker zeigt an der linken Seite (Westen) die Tugend *fides* (›Glaube‹) mit einem Kreuz und rechts (Osten) *forti[tudo]* (›Tapferkeit‹) mit einer Säule und einem Stab. Auf der Kartusche im Mittelfeld, die von zwei Engeln getragen wird, stehen die Worte aus Joh. 3,16: »(Denn) also hat Gott die Welt geliebt, dass er seinen eingeborenen Sohn gab, damit alle, die an ihn glauben, nicht verloren werden, sondern das ewige Leben haben.«

Stadthaus (Tourist-Information Weimar; Markt 10; I C2): Vielerorts in Deutschland wurde im Zweiten Weltkrieg zerstörte historische Bausubstanz abgerissen und nicht selten durch fragwürdige Neubauten ersetzt. Mit dem neuen Stadthaus (1968–71) entschieden sich die verantwortlichen Stadtväter aber für ein historisches Stadtbild und setzten mit ihrem

Beschluss zukunftsweisende Maßstäbe für die Sanierung der historischen Altstadt. Insofern ist die Kopie der Renaissancefassade mit dem Staffelgiebel und dem spätgotischen Blendmaßwerk ein besonderes Beispiel für gelungene Stadtplanung nach dem Zweiten Weltkrieg in Weimar.

Schon für 1432 ist an dieser Stelle ein Kaufhaus bezeugt, in dem neben Gemüse, Brot und Fleisch auch Kleidungsstücke und Stoffe verkauft wurden. Das Stadthaus aus den Jahren 1526–47, mit gleicher Marktfunktion, wurde im Februar 1945 bei einem Luftangriff so schwer getroffen, dass ein Wiederaufbau nicht mehr zur Diskussion stand. Nur der unterirdische tonnengewölbte Gang bis zum Rathaus war unbeschädigt geblieben. Beim Ideenwettbewerb für den Wiederaufbau der Markt-Nordseite (1965/66) wurden zwar auch Entwürfe für Hochhäuser und Quartiersbebauungen vorgelegt, doch man entschied sich, wie erwähnt, für das historische Stadtbild. Nach Plänen von Leopold Wiehl aus Dresden entstand in den Jahren 1968–71 dieses moderne Stadthaus mit historischer Fassade, wobei Details, wie etwa die verschränkten spätgotischen Blendbögen am Stufengiebel und die Einteilung der Renaissancefenster, nicht getreu dem Original entsprechen.

Cranachhaus und Pestelhaus (Markt 11/12; I C2): Die beiden dreigeschossigen Häuser mit Satteldach und zwei zur Marktseite ausgerichteten Giebeln bilden eine geschlossene architektonische Einheit und gehören zu den schönsten Renaissancebauten Weimars. Beide haben nahezu unversehrt die Zeiten und ganz besonders die Luftangriffe vom Februar 1945 überstanden. Die Entwürfe stammten einst von dem Architekten Nikolaus Gromann. Die Bauarbeiten erstreckten sich von 1547 bis 1549. Das rechte Haus Nr. 12 gehörte dem kurfürstlichen Sekretär Antonius Pestel, das linke Haus Nr. 11 dem herzoglichen Kanzler Christian Brück. Dieser, Schwiegersohn von Lucas Cranach d. Ä., war ein treuer Wegbegleiter von Herzog

Von den beiden dreigeschossigen Renaissancegebäuden von Nikolaus Gromann (1547/49) wird das linke Haus Cranach zugesprochen, das rechte gehörte Antonius Pestel

Johann Friedrich II. dem Mittleren von Sachsen. Er setzte sich vergeblich dafür ein, dass sein Herzog die Kurwürde erlangte, und schloss sich später dem Reichsritter Wilhelm von Grumbach an. Damit war er Beteiligter der »Grumbach'schen Händel«. Beide, Brück und Grumbach, wurden während der Reformation zum »Spielball« der Mächtigen zwischen lutherischer und katholischer Allianz. Schließlich erließ Maximilian II., Kaiser des Heiligen Römischen Reiches, den Reichsbann über beide Männer und deren Anhänger. Auch die Fürsprache beim Kaiser durch Johann Friedrich II., der im »Grumbach'schen Händel« von 1567 mit verwickelt war, konnte nicht verhindern, dass Brück und Grumbach am 18. April 1567 auf dem Marktplatz in Gotha gevierteilt und ihre geschundenen Körperteile der Öffentlichkeit zur Schau gestellt wurden. Johann Friedrich II. selbst (jener Herrscher, der gemeinsam mit seinen Brüdern Johann Wilhelm und Johann Friedrich I. – Söhne von Johann Friedrich I. dem Großmütigen von Sachsen aus der ernestinischen Linie der Wettiner – auf dem Cranach-Altar in der Stadtkirche abgebildet ist) wurde 1566 von Kaiser Maximilian II. geächtet, da er Partei für den bereits 1563 geächteten Grumbach ergriffen hatte, und kam mit eigener Hofhaltung bis zu seinem Tod für 28 Jahre in Haft. Die Bezeichnung »Cranachhaus« für das Renaissancegebäude Nr. 11 geht darauf zurück, dass Lucas Cranach d. Ä. in seinem letzten Lebensjahr, von September 1552 bis zum 16. Oktober 1553, hier bei seiner Tochter Barbara lebte, die seit 1537 mit Christian Brück verheiratet war.

Die Fassaden der beiden Häuser sind nahezu symmetrisch (spiegelbildlich) aufeinander abgestimmt. Nur die beiden Giebel der Zwerchhäuser in der Dachzone sind beide nach links versetzt angeordnet. Jeweils am linken und rechten Rand des ersten und zweiten Obergeschosses der Gesamtfassade befinden sich hochrechteckige Doppelfenster. Die gemeinsame Mitte wird von 2 × 2 Fensterreihen eingenommen. Ein Rausch von Farben und Formen bestimmt die ganze Erdgeschossfläche – die bunte Farbgestaltung geht zwar wahrscheinlich auf einen Vorschlag von Lucas Cranach d. Ä. zurück (2003/04 wurden die Farben der gesamten Architekturglieder des Erdgeschosses »aufgefrischt«), die heute sichtbare architektonische Gestalt der Erdgeschossfassade aber geht teilweise auf Eingriffe Ende des 19. Jh.s zurück, die nicht ohne Proteste der damaligen Bürgerschaft erfolgten: Nur die beiden mittleren Portale und die dazugehörigen Türen links und rechts sind Originale der Renaissance. Die beiden äußeren Portalfenster sind Renaissancerepliken: Während man auf die nördliche Fensterachse des Cranachhauses (links) 1892 ein mit Arabesken und Archivolten, Muschelnischen und Kandelabersäulchen reich geschmücktes Renaissancefensterportal als Replik neu eingefügt hat, musste man auf der südlichen Achse des Pestelhauses (rechts) 1865 nur die vorhandene portalförmige Hofeinfahrt zu einem Ladenfenster umgestalten. Alle vier Bauglieder mit ihren Rundbogenelementen werden von je einer Supraporta (Dekorfläche über dem Scheitelbogen) geschmückt. Allen Bildflächen gemeinsam sind je ein Mann und eine Frau, deren Unterleiber in Blumenranken enden. Sie sind axial auf ein Wappen (links) bzw. auf kreisrunde (leere) Medaillons ausgerichtet. Die Motive in den Bildflächen geben Auskunft über die Bauherren und nachfolgenden Eigentümer der Anwesen (v. l. n. r.):

In dem Wappen über dem linken Bogenfeld erinnern die lateinische Inschrift »Habent sua fata libelli« (›Bücher haben ihr eigenes Schicksal‹), der geflügelte Pegasos (Sohn des Poseidon und der Gorgone), Symbol der Dichtkunst und Liebling der Musen, sowie ein offenes Buch mit sich kreuzender Fackel und Merkurstab (Symbol für den Handel) des römischen Gottes Merkur (Schutzpatron des Handels – und der Diebe!) an Heinrich Siegmund Hoffmann aus Celle, der 1732 **Weimars älteste Buchhandlung** von Johann Bielke aus Jena übernahm. Bielke hatte die Buchhandlung 1710 als Filiale in Weimar gegründet und sie 1725 an Hoffmann verpachtet. Zehn Jahre später, 1742, kaufte Hoffmann das Cranachhaus und verlegte seine Buchhandlung, die zu den bedeutendsten Deutschlands gehörte, an diesen zentralen Ort in der Stadt. Neben Goethe, Schiller und Herder war hier auch Herzogin Anna Amalia Stammkundin. Zusätzlich zu seiner Tätigkeit als Buchhändler machte sich Hoffmann auch einen Namen als Verleger und Herausgeber der ersten Zeitung der Stadt, der *Weimarer Nachrichten und Anzeigen*, die von Goethe gerne gelesen wurde. Weiterhin verlegte er Bücher von Herder und Wieland sowie die von Wieland herausgegebene Monatszeitschrift *Teutscher Merkur*. Ende des 19. Jh.s endete mit dem Tod von Hermann Hoffmann die Ära dieser Familientradition. Die Buchhandlung blieb aber erhalten, wurde in die Schillerstraße 9 verlegt und 1910 an Kuno Gräf verkauft. Heute ist die traditionsreiche Buchhandlung immer noch im Familienbesitz und wird von Christian Gräf und seiner Frau Sigrid geführt.

Im Scheitel des Bogens erinnert die Jahreszahl 1892 an die Entstehung dieses Renaissancebauteils und rechts neben der Bogenarchitektur sind in dem Schlussstein der Eingangstür die Initialen H. S. H. (Heinrich Siegmund Hoffmann) zu erkennen. Darüber erinnert eine Inschrift an Lucas Cranach d. Ä.

Über dem zweiten Bogenfeld rechts der Tür sind über dem kreisrunden Medaillon die Wappen der Familien Brück und Cranach zusammen mit einem Löwenkopf angebracht.

Das sich rechts anschließende portalförmige Schaufenster gehört bereits zum Haus von Antonius Pestel. Über dem Medaillon erkennt man links das Wappen der Familie Pestel. Dargestellt ist ein Mann, der in seiner rechten Hand ein Kreuz und in seiner linken einen Baum trägt.

Ganz rechts geht die Bogenarchitektur zurück auf die Umgestaltung von 1865, als die Tordurchfahrt zu einem Schaufenster verändert wurde. Hier ziert das Medaillon ein Wappen mit dem Blatt eines Rebstockes und ein Weinglas. Beide Symbole erinnern an die Weingroßhandlung von Hermann Becker, die 1865 im Pestelhaus eröffnet wurde. Heute befindet sich in den Erdgeschossräumen das »Theater im Gewölbe«.

Hotel »Elephant« (Markt 18/19; I C2): Das Hotel-Restaurant Elephant ist die älteste und traditionsreichste Herberge der Stadt Weimar. Seit Jahrhunderten kehren hier namhafte Persönlichkeiten aus dem In- und Ausland ein. Die erste urkundliche Erwähnung für dieses Renaissanceanwesen datiert in das Jahr 1561. Etwa 100 Jahre später, am 17. Februar 1696, erhielt der fürstliche Mundschenk des »Schwarzen Bären«, Christian Andreas Barittig, dem das traditionsreiche Gasthaus rechts vom Elephant gehörte, von Herzog Wilhelm Ernst I. die Konzessionsurkunde und konnte somit in diesem Gebäude ein Gasthaus eröffnen. 1741 wurde der Elephant offizielle Poststation und konnte fortan auch Übernachtungsgäste beherbergen. Besucher Goethes und Schillers wohnten gern hier.

Thomas Mann verlieh dem Hotel mit seinem Roman *Lotte in Weimar* Glanz und Weltruhm. Sein persönliches Goetheporträt mit autobiografischen Zügen verfasste er laut seinen Tagebucheintragungen in der Zeit vom 11. November 1936 bis zum 25. Oktober 1939. Der Roman erschien erstmals 1939 im Bermann-Fischer Verlag, Stockholm (während der NS-Zeit waren alle Bücher von Thomas Mann in Deutschland verboten). 1975 spielte Lilly Palmer in der Verfilmung der *Lotte in Weimar* die Hauptrolle – wesentliche Teile des Films wurden damals am Originalschauplatz im Hotel Elephant gedreht.

1937/38 wurden auf Betreiben des damaligen Reichsstatthalters in Thüringen, Fritz Sauckel, das Hotel und zwei weitere Renaissancebauten abgerissen, damit Raum für ein neues Hotel entstand, das das modernste Deutschlands werden sollte. Architekt war Hermann Giesler von Grund aus München, der für seine Arbeit die Ehrenbürgerschaft der Stadt Weimar erhielt. Adolf Hitler war häufig Gast in dem neuen Hotel, das so zur NS-Kultstätte wurde. Das neue viergeschossige Gebäude greift die Baulinie des historischen Gasthauses »Zum Schwarzen Bären« auf und knickt an der alten Grundstücksgrenze leicht schräg nach Osten ab. Hier schließt das leere Grundstück an, auf dem einst das Wohnhaus von Johann Sebastian Bach stand. Der Gebäudeknick wird durch einen zweigeschossigen Erker betont. An der Erkerbrüstung des zweiten Obergeschosses erkennt man ein Flachrelief mit der Darstellung eines Elefanten, das »Maskottchen« des Hotels. Über dem Haupteingang ruht ein Balkon auf vier kräftigen Konsolen. Dieses Balkonzimmer war ursprünglich das Zimmer von Adolf Hitler;

heute wird es »Thomas Mann Suite« genannt. 1993/94 und 2017/18 wurde das Hotel komplett renoviert.

Gasthaus »Zum Schwarzen Bären« (Markt 20; I C2): Es ist das älteste Gasthaus in Weimar. Ein Haus an dieser Stelle ist seit 1540 nachweisbar. Dendrochronologische Untersuchungen verschiedener Holzteile datieren das bestehende Anwesen auf die Zeit um 1563. Als Gasthaus »Zum Schwarzen Bären« wurde die Wirtsstube erstmals 1638 genannt, mit Josua Löhner als Wirt. Während des Dreißigjährigen Krieges waren zeitweise schwedische Einheiten in dem Anwesen einquartiert. 1722 wurde das Gasthaus zum Jakobsplan verlegt, bis es 1877 wieder an seinen historischen Platz am Markt 20 zurückkehrte und unter altem Namen neu eröffnete. Zu dieser Zeit wurde das Gebäude unter Beibehaltung der alten Dachkonstruktion um eine Etage im historischen Renaissancestil aufgestockt.

Bei umfangreichen Restaurierungsmaßnahmen entdeckte man 1926 u. a. auch das rundbogenartige Renaissanceportal in der Fassade zum Markt hin, das man nun auf die Achse des Gebäudes versetzte. Über dem Scheitel des Bogens ist ein Relief mit einem schwarzen Bären und folgender Inschrift angebracht: »das haus steht / in gottes handt / zum schwarzen / beren ist es genant«. Auf der Sockelleiste stehen die Initialen: vdmiae (»Domini Manet In Aeternum«: ›Gottes Wort bleibt in Ewigkeit‹). 1997/98 erfolgten umfassende Renovierungsarbeiten, bei denen auch der Dachstuhl erneuert wurde.

Schillerstraße und Schillers Wohnhaus

Die Trasse der heutigen Schillerstraße folgt dem einstigen Verlauf des mittelalterlichen Zwingers zwischen innerer und äußerer Stadtmauer. Der unbebaute Raum zwischen den Stadtmauern wurde damals von den Tuchmachern und Färbern für ihre Teiche und die »Rehmenteiche« (*Rehmen*: ›Rahmen‹) genutzt: Die frisch gefärbten, noch nassen Stoffe wurden hier zum Trocknen auf Rahmen gespannt. Im Kontext der Entfestigung der inneren und äußeren Stadtmauer ab 1757 wurden die beiden Frauentore mit ihren vier Türmen abgerissen – sie dürften etwa im Bereich des Übergangs von der Puschkinstraße zum heutigen Haus Schillerstraße 1 (gegenüber vom Frauentor-Café) anzunehmen sein. Der Abbruch der Stadtmauer bis zur Stelle des späteren Wittumspalais (am Ende der Schillerstraße im Norden, dort wo die Straße links zum Theaterplatz abknickt) war bis 1765 abgeschlossen. Der Graben und die Teiche wurden mit Erdreich aufgefüllt und die neue Freifläche alleeartig mit Lindenbäumen bepflanzt (die Tiefe des Zwingergrabens lässt sich noch heute deutlich am Wittumspalais nachvollziehen, wo rechts vor dem Palais Treppenstufen zu dessen Südseite hinunterführen). Die so gewonnene Allee ist in Stadtplänen des 18. Jh.s als Esplanade bezeichnet. Schnell entwickelte sich dieser Platz vor der Stadt zu einer beliebten Promenade nach italienischem Vorbild, zu einem städtischen Raum, wo sich das öffentliche Leben der Stadt abspielte.

Die erste Bebauung im Zuge der Entfestigung erfolgte ab 1775 nur auf der Seite der inneren Stadtmauer (Nord- und Ostseite). Bereits 1777 entstand das Haus des Kaufmanns Johann Christoph Schmidt, das spätere Wohnhaus von Friedrich Schiller. Eine Bebauung auf der Seite der äußeren Stadtmauer (Südseite) war aufgrund des bestehenden Schützengrabens zunächst nicht geplant. Als 1830 der Graben aber überwölbt wurde, entstanden auch auf dieser Seite (dem Schiller-Wohnhaus gegenüber) die ersten Häuser nach Entwürfen des Architekten Heinrich Hess (Nr. 1, 3, 5 und 7). Das Ergebnis war die gelungene Gestaltung eines einheitlichen Ensembles im klassizistischen Stil. Damit war die Formensprache des Klassizismus für das Straßenbild der Esplanade vorgegeben. In den Jahren

1837/38 legte man rechts von Schillers Wohnhaus zwischen Windischengasse und Esplanade eine kurze Stichstraße an und gab ihr den Namen »Neue Gasse«. 1853 wurde die Esplanade in Schillerstraße umbenannt. Ab Ende des 19. Jh.s erfolgten massive Eingriffe in die bestehende klassizistische Bausubstanz. Neobarocke und neoklassizistische Stilelemente wurden von den Architekten und Bauherren bevorzugt. Die heutige Schillerstraße gibt damit Einblick in die Architekturgeschichte vom Ende des zweiten Drittels des 18. Jh.s bis zum Anfang des 20. Jh.s. Das Schiller-Wohnhaus ist das einzige Bauwerk, das aus der Anfangszeit der Bebauung der Esplanade erhalten geblieben ist. 1969 wurde die Schillerstraße zu einer der ersten Fußgängerzonen der DDR.

Schillers Wohnhaus / Schiller-Museum (Schillerstraße ♦ 12; I B2): Das Gebäude war eines der ersten Häuser, die nach der Entfestigung Weimars (1757–65) im Bereich der Frauenvorstadt auf der Seite der inneren Stadtmauer errichtet worden sind, und zugleich ist es das einzige erhaltene Bauwerk aus den Jahren der Stadterweiterung ab 1775. 1777 gab der Kaufmann Johann Christoph Schmidt, der sein Hauptgebäude in der Windischengasse hatte, diesen Bau bei dem Architekten Anton Georg Hauptmann in Auftrag. Er entstand auf dem Gelände der ehemaligen fürstlichen Münzprägestätte aus der Zeit um 1500 und unter Einbeziehung älterer Bauteile der Münze. Damals existierte die Neue Gasse noch nicht, die seit 1836/37 Windischengasse und Esplanade/Schillerstraße miteinander verbindet.

Ende 1801 verkaufte der Bauherr das Gebäude an den britischen Übersetzer Joseph Charles Mellish of Blythe. Dieser veräußerte das Anwesen nach nur wenigen Monaten an Friedrich Schiller, der es am 29. April 1802 mit seiner Familie bezog. An seinen Verleger Georg Joachim Göschen schrieb Schiller damals in einem Brief: »Ich habe dieser Tage endlich einen alten

Schillers Wohnhaus wurde nach der Entfestigung Weimars als eines der ersten Häuser an der Innenseite der geschleiften Stadtmauer errichtet. Schiller lebte dort von 1802 bis zu seinem Tod am 9. Mai 1805

Wunsch realisiert, ein eigenes Haus zu besitzen. Denn ich habe nun alle Gedanken an das Wegziehen von Weimar aufgegeben und denke hier zu leben und zu sterben.« Zuvor hatte Schiller mit seiner Familie seit Dezember 1799 in der Windischengasse 8 zur Miete gewohnt (ein Schild an dem Haus erinnert daran). Anders als Goethe, der von seinem Freund Großherzog Carl August stets fürstlich entlohnt wurde, kämpfte Schiller oft mit materieller Not und Sorge, wie er seine Familie ernähren könne. Nur mit Mühe konnte er sich den damaligen Kaufpreis von 4200 Reichstalern für das Haus bei seiner Schwiegermutter Juliane Eleonore Friederike von Lengefeld und seinem Verleger Johann Friedrich Cotta leihen. Schillers Jahresverdienst betrug damals 400 Reichstaler, erst ein Jahr vor seinem Tod verdoppelte der Herzog den Betrag auf 800 Reichstaler. Umfangreiche Umbauten und Renovierungen erhöhten Schillers Kreditaufnahme um weitere 470 Reichstaler. 1804 überreichte ihm sein Schwager Wilhelm von Wolzogen im Namen der Mutter von Maria Pawlowna, Maria Fjodorowna (geborene Prinzessin Sophie-Dorothea von Württemberg, Gemahlin von Zar Paul I.), zum Dank für sein großes Schaffenswerk, besonders aber für seinen *Don Carlos*, einen Brillantring. Wolzogen begleitete damals das am 3. August 1804 in Petersburg getraute Paar Maria Pawlowna und Carl Friedrich von Sachsen-Weimar, die am 9. November 1804 festlich in Weimar empfangen wurden. Schiller verkaufte den Ring für 500 Reichstaler und zahlte damit einen Teil seiner Hypothekenschuld für sein Haus ab. Das Glück, in seinem eigenen Haus zu leben, war ihm allerdings nur kurze Zeit vergönnt. Nach drei Jahren starb der schon lange kränkelnde Dichter am 9. Mai 1805 und hinterließ seine Frau Charlotte mit vier kleinen Kindern. Goethe, der mit Schiller eine tiefe Freundschaft pflegte, blieb der Beerdigung zwar fern, aber drei Wochen nach dem Tod seines Freundes schrieb er an den Komponisten Carl Friedrich Zelter: »Ich dachte mich selbst zu verlieren und verliere nun einen Freund und in demselben die Hälfte meines Daseins.«

Nach Schillers Tod lebte seine Frau Charlotte in dem Haus an der Esplanade. Ende 1825 besuchte sie ihren Sohn Ernst Friedrich, der in Bonn Landgerichtsrat war, unterzog sich dort einer Operation am grauen Star und starb in Bonn am 9. Juli 1826 an einem Nervenleiden. Bestattet wurde sie weit entfernt von ihrem Mann auf dem Alten Friedhof in Bonn, wo ihr Sohn Ernst später ebenfalls seine letzte Ruhe fand, direkt neben ihr. Das gängige Bild von Charlotte Schiller als »unbedeutende, stille Ehefrau des großen Dichters« widerlegte Gaby Pailer 2009 in ihrem Buch *Charlotte Schiller. Leben und Schreiben im klassischen Weimar*, in dem sie Charlotte als durchaus begabte Schriftstellerin vorstellt.

Das Anwesen in Weimar wurde noch im Jahr von Charlottes Tod einschließlich des Inventars versteigert. Erst 1847 erwarb es die Stadt Weimar und richtete im Mansardengeschoss (Schillers Arbeitsbereich) die Schiller-Gedenkstätte ein. Möbel wurden zurückgekauft und Repliken angefertigt, damit die Räume authentisch an Schillers Schaffensperiode und Aura erinnern können. 1863–1978 war auch die Sektion Weimar der Schiller-Stiftung, die 1859 in Dresden auf Initiative des Lyrikers und Feuilletonisten Julius Hammer als älteste in Deutschland von Bürgern getragene Stiftung gegründet wurde, in dem Gebäude untergebracht.

Heute ruft das Wohnhaus des Dichters die Zeit Schillers und Goethes, die Epoche Anna Amalias, die Zeit des »klassischen Weimar« in Erinnerung. Das zweigeschossige, gelb getünchte Haus mit seinem ausgebauten Mansarddach steht mit seiner Traufseite parallel zur Schillerstraße. Die Mitte des Hauses wird durch ein dreigeschossiges Zwerchhaus mit Giebelabschluss betont. Links davon lag einst der Hauseingang. Auf dem erneuerten Schlussstein der Türeinfassung sind die alte Hausnummer »A4« und die Initialen »FS« angebracht. An der linken Hausecke zur Straßenseite hin schließt eine Mauer an, die einen kleinen Innenhof einfriedet. Dahinter, an der nordwestlichen Gebäudeseite (links), erhebt sich das Nebengebäude von Schillers Wohnhaus, das vormals zur alten Münze gehört hatte. Die von Schiller durchgeführten Umbauten umfassten auch die Verlegung des Schnittpunkts der beiden Häuser (NW-Ecke/SO-Ecke), um das Gesamtanwesen besser zu erschließen. Für sein Arbeitszimmer im Mansardengeschoss ließ der Dichter an dem Giebel der Südseite ein zusätzliches Fenster einbauen; es ist das Einzige auf der gesamten Giebelseite.

Im Februar 1945 wurde das Haus schwer beschädigt. Die Restaurierung war bereits im Herbst des Folgejahrs abgeschlossen, so dass das Gebäude zu Schillers Geburtstag am 10. November wiedereröffnet werden konnte. In den 80er Jahren wurden erneut grundlegende Renovierungen durchgeführt, und es entstand ein Museumsneubau; beides wurde am 10. November 1988 eröffnet. Ein Jahr später wurde das Schiller-Wohnhaus als Teil des Ensembles »Klassisches Weimar« in die Liste des UNESCO-Weltkulturerbes aufgenommen. Heute besteht das Inventar der Ausstellung zumeist aus Rekonstruktionen und Repliken. Nur wenige Originalteile des ursprünglichen Mobiliars konnten zurückgeführt werden. Die Raumgestaltungen sind Vorlagen aus der Zeit Schillers nachempfunden.

Gänsemännchenbrunnen (Schillerstraße gegenüber von Schillers Wohnhaus, rechts von Hoffmann's Buchhandlung; I B2): Die Vorlage für diesen Brunnen – einer der beliebtesten in der Stadt – lieferte der Gänsemännchenbrunnen auf dem Nürnberger Hauptmarkt, geschaffen um 1550 vom Renaissancekünstler Pankraz Labenwolf. In Nürnberg ist ein Bauer in mittelalterlicher Tracht mit je einer Gans unter dem Arm dargestellt. Goethe hat den »Entenmann«, wie die Brunnenfigur in Nürnberg auch genannt wird, wahrscheinlich bei seiner Rückreise von Rom über Nürnberg (13.–16. Juni 1788) gesehen. Jahrzehnte später, 1814, erhielt er ein Modell davon aus gebranntem Ton, was darauf hindeutet, dass er die Anregung für den Gänsemännchenbrunnen in Weimar gegeben haben könnte. Zeitgleich war aber auch Großherzogin Maria Pawlowna in den Besitz einer verkleinerten Bronzereplik des »Entenmännchens« gekommen. Insgesamt hat man in Nürnberg 20 Kopien in Originalgröße und drei Kopien in abweichender Größe angefertigt und verkauft. Erst nach dem Tod von Maria Pawlowna am 23. Juni 1859 wurde in Weimar ernsthaft über die Aufstellung eines Brunnens in der Schillerstraße nachgedacht. Am 28. September desselben Jahres beantragten Bürger beim Stadtrat, dem schon von Maria Pawlowna gehegten Wunsch zu entsprechen und die Schillerstraße mit einem »Entenmann«-Brunnen zu verschönern. Der Antrag wurde angenommen. Der Brunnen wurde aber erst 1864 in seiner heutigen Gestalt der Öffentlichkeit übergeben.

In dem kreisrunden Sandsteinwasserbecken »schwebt« eine kreuzförmige Schale mit vier Schwänen als Wasserspeier. Darüber erhebt sich eine gusseiserne Säule mit einer zweiten Wasserschale und dem Gänsemännchen samt seinen zwei wasserspeienden Gänsen. Das Gänsemännchen wurde 1987 vor Ort durch eine Kopie ersetzt.

Frauenplan und Goethes Wohnhaus

Der Frauenplan (in der Frauenvorstadt vor dem nicht mehr erhaltenen südlichen Stadttor) ist benannt nach der 1336 erstmals urkundlich erwähnten gleichnamigen Kapelle »Zu unserer lieben Frau«. Diese Marienkapelle wurde während der Reformation profaniert, 1522 das letzte Mal erwähnt und wohl Mitte des 16. Jh.s abgetragen. Zu Beginn des 17. Jh.s scheint die Vorstadt mit einer äußeren Stadtmauer und einem Tor zum heutigen Wielandplatz hin gesichert worden zu sein. Die Südseite des Platzes nimmt das weltberühmte Wohnhaus Goethes ein, das heutige »Goethe-Nationalmuseum«.

Seit 1653 wird der traditionelle **»Zwiebelmarkt«** auf dem Frauenplan-Platz veranstaltet, der einstige »Viehe- und Zippelmarckt«. Der heutige Zwiebelmarkt, am zweiten Wochenende im Oktober, ist weit über die Grenzen Thüringens hinaus bekannt und zieht alljährlich mehr als 300 000 Besucher an. Mittlerweile breiten sich die Festivitäten in allen Gassen und Straßen der Altstadt aus. Man nennt das Ereignis auch liebevoll das »kleine Oktoberfest im Herzen Deutschlands«.

1945 wurden zahlreiche historische Gebäude besonders an der Nordseite des Platzes zerstört, andere wurden erheblich beschädigt. 1961 wurde das Kaufhaus Lämmerhirt abgerissen. Im gleichen Jahr entstand auf den ehemaligen Trümmergrundstücken zwischen Frauentorstraße und Brauhausgasse eine Grünfläche. 2001 wurde an der Südwestseite dieser Grünfläche eine aus Stahlrohren bestehende Pergola installiert, um die Bauflucht der durch Kriegsschäden verloren gegangenen historischen Gebäude zu markieren.

Gasthaus »Zum Weißen Schwan« (nur wenige Meter von Goethes Wohnhaus entfernt; I B2): Das 1569 erstmals erwähnte Gasthaus trug einst – so 1638 in den Quellen – den Namen »vorm Frauentor«. 50 Jahre später (1688) sprechen Quellen von einem Wirt Christian John, der das Gasthaus in »Weißer Schwan« umbenannt hat. Später wurde es aufgrund der räumlichen Nähe zu Goethes Lieblingsrestaurant, und die meisten seiner Gäste wohnten dort. »Der weiße Schwan begrüßt Dich jederzeit mit offenen Flügeln«, so Goethe. Neben ihm sowie Arnold Böcklin, Peter Cornelius, Franz von Lenbach und Franz Liszt waren viele weitere Berühmtheiten im »Weißen Schwan« zu Gast.

Goethebrunnen (I B2): Noch heute steht der durch Großherzog Carl August finanzierte Brunnen am Originalstandort in der Südwestecke des Platzes, direkt gegenüber vom Goethehaus. Ursprünglich hieß er aber nach seinem Stifter Carl-August-Brunnen (oder »Frauenplan-Brunnen«). Der im Grundriss achteckige Brunnen ist ein Entwurf von Clemens Wenzeslaus Coudray. Er wurde 1821 in der Gießerei Güntersfeld bei Ilmenau als erste gusseiserne Brunnenanlage Weimars gegossen und 1822 auf dem Frauenplan aufgestellt. Auf den acht Seitenflächen umschließt jeweils ein Medaillon aus Zweigen eine

Schlange, die sich um eine Muschelschale windet. An der Seite rechts vom Beckenzulauf ist unten zusätzlich die Jahreszahl der Werkstattherstellung angebracht. Auf der linken und rechten Seitenfläche erinnern je ein Monogramm mit den Initialen »CA« und eine Krone an den Stifter Carl August. Die Stirnseite mit dem Wasserhahn wird von einem Lorbeerkranz mit der Jahreszahl 1822 geschmückt. Das Wasser kommt aus einer Säule, die von einer Vase bekrönt wird. Jedes Jahr im August feiern die Abiturienten des Goethegymnasiums Weimar hier eine traditionelle »Abi-Taufe«: Die Absolventen werden von den Schülern der 11. Klasse ins Wasser geworfen.

»Versunkener Riese« (I B2): 1992 erhielt der Weimarer Künstler Walter Sachs den Auftrag, auf dem Frauenplan ein Kunstwerk im öffentlichen Raum zu gestalten. Geschickt positionierte er seine Skulptur am nordwestlichen Rand des Platzes direkt vor dem Beginn der Brauhausgasse. Der »Versunkene Riese« ist eine im Erdreich liegende überdimensionale Gestalt, die gelassen und sinnend auf das Treiben des Platzes schaut. Oberkörper und Kopf recken sich aus dem Erdreich, das abgewinkelte Knie streckt die Figur in die Höhe – ein ideales Objekt zum Klettern für Kinder.

♦ **Goethes Wohnhaus. Goethe-Nationalmuseum** (Frauenplan 1–5; I B2): Das Goethe-Wohnhaus (Frauenplan 2), Teil des UNESCO-Weltkulturerbe-Ensembles »Klassisches Weimar«, ist heute das Herzstück des klassischen Weimar. Goethe lebte in diesem Haus mit kleinen Unterbrechungen fast 47 Jahre: 1782–89 als Mieter; anschließend zog er ins Jägerhaus in der Marienstraße 5 um, wo er bis zum Spätsommer 1792 blieb; 1792–94 wohnte er wieder am Frauenplan, diesmal aber mietfrei. Im August 1794 erhielt er das Anwesen von seinem Gönner und Freund Carl August als Geschenk und lebte darin bis zu seinem Tod am 22. März 1832. Nach dem Tod von Goethes Enkel Walther Wolfgang von Goethe 1885, dem letzten Nachkommen des Dichters, fiel das Anwesen mit dem gesamten Inventar per Testament dem Großherzogtum Sachsen-Weimar-Eisenach zu. Entsprechend Goethes Wunsch, den er am 19. November 1830 Kanzler Friedrich von Müller mitgeteilt hatte, dass seine gesamten Hinterlassenschaften »für das ganze geistige Weimar, ja für ganz Deutschland« zugänglich sein sollen, unterzeichnete Großherzog Carl Alexander am 18. Juni 1885 die Stiftungsurkunde, so dass bereits ein Jahr später das Goethe-Nationalmuseum eröffnet werden konnte.

Das Goethe-Wohnhaus nimmt als breit gelagertes zweigeschossiges Barockgebäude mit Mansarddach nahezu die gesamte Südseite des Frauenplans ein. Es besteht aus einem Mittelteil mit zwei flankierenden Torbauten. Das Hauptportal mit Giebelabschluss ist axial angelegt. Die Mitte des Gebäudes wird sowohl durch das Portal als auch durch die leichte Achsenverengung der Fenster darüber betont. Das Haus-Türschild »H. N 67« an der linken oberen Türseite ist ein Original aus dem Jahr 1865 und bedeutet: »Haus 67 im Bezirk H«. Diese Kennzeichnung war bis 1876 in Weimar gültig.

Die lateinische Inschrift am Architrav über dem Haupteingang lautet:

> AD. GLORIAM. DEI. ET. CIVITATIS. ORNAMENV.
> AEDES. HAE. A. MDCCIX. SUNT. EXAEDIFICATAE. CON=
> DITOR. EARUM. GEORGIUS. CASPARUS. HELMERS.
> HAUSEN. CAMERAE. SERENISSIMI. DUCUS. SAXO
> VINIRIENSIS. COMMISSARIUS. DEUS. TER. OPTI
> MUS. TER. MAXIMUS. SERVET. DOMUM

(›Gott zum Ruhm und der Stadt zum Schmuck ist dieses Gebäude im Jahr 1709 errichtet worden. Sein Gründer ist Georg Caspar Helmershausen, Kammerkommissar des durchlauchtigsten Sachsen-Weimarischen Herzogs. Der allgütige und große Gott schütze das Haus.‹)

Architekt des Gebäudes von Georg Caspar Helmershausen war wahrscheinlich der im Dienst der sächsischen Herzöge stehende Baumeister Johann Mützel. Wesentliche Veränderungen der Innenräume verwirklichte Goethe seinen Bedürfnissen entsprechend nach eigenen Plänen und Ideen zusammen mit dem Architekten Christian Friedrich Schuricht aus Dresden. Die Umbauten erfolgten ab dem Zeitraum, da das Gebäude 1794 durch die Schenkung von Carl August Goethes Eigentum geworden war. Besonders das neugestaltete klassizistische Treppenhaus zeigt deutlich Goethes Hinwendung zur Formensprache der griechisch-römischen Antike. Dies wird auch in der Wahl der Farben deutlich: Das gebrochene Weiß des Stucks und der Decken sowie das zarte Grün der Wände sind wohltuend sinnlich und erinnern an Farben in Wohnhäusern in Pompeji. Der Triglyphen-Fries mit dem Zahnschnitt (Guttae) am Wand-Decken-Übergang ist eine Reminiszenz an die Antike. Auch das ovale Deckengemälde *Iris und der Regenbogen* von Johann Heinrich Meyer, den Goethe 1788 in Rom kennenlernte, mit Iris, die im Pantheon der griechischen Götter die Personifikation des Regenbogens war, und das Relief über der Tür mit dem Adler und dem Göttervater Zeus von Martin Gottlieb Klauer sind Rückbesinnungen auf die Antike in der Folge von Goethes Italienreise. Auf dem oberen Treppenpodest wurde der Gast des Hauses gleich dem heutigen Besucher mit dem Gruß *salve* empfangen: Der Schriftzug war schwarz gebeizt schon zu Goethes Zeiten in der Türschwelle eingearbeitet.

Im Innenhof des Wohnhauses, der mit Kalksteinplatten ausgelegt ist, existiert noch ein für Weimar seltenes Beispiel eines Laufbrunnens mit Steintrog, der für die Trinkwasserversorgung des Wohnhauses genutzt wurde. In einem Nebenraum des Erdgeschosses ist Goethes Reisekutsche zu sehen.

Der Hausgarten Goethes ist seit der Eröffnung des Goethe-Nationalmuseums im Jahr 1886 für die Öffentlichkeit zugäng-

Farbräume im Goethe-Haus

lich. In erster Linie sollte der Garten Obst und Gemüse liefern: Statt der heute angelegten Rasenflächen muss man sich demnach für die Zeit Goethes Beete vorstellen. Zuständig für die Gartenarbeit war vornehmlich Christiane, die Ehefrau des Dichters. Im geringen Umfang diente der Garten Goethe auch für botanische Studien. Seltener soll er für Mußestunden genutzt worden sein. Der Sitzplatz am Mittelweg ist bereits für die Zeit vor Goethe, seit 1822, nachweisbar. Die kräftigen Laubbäume stammen nicht aus der Goethezeit. Auch der heutige Kräutergarten existierte damals noch nicht, ebenso wenig wie die Herkules-Antäus-Bronzeplastik im Museumshof zur Originalausstattung des Wohnhauses gehörte – sie wurde 1828 als Inventar für das Schloss Belvedere erworben und erst 1999 hier als Brunnenfigur aufgestellt (das Herkules-Thema zählte nahezu zum Pflichtprogramm für die Ausgestaltung jedes herzoglichen Schlosses). Diese Herkules-Antäus-Bronzeskulptur ist ein Werk des Nürnberger Künstlers Johann Leonard Bromid aus dem Jahr 1722 (?). Dargestellt ist Herkules, wie er den Riesen Antäus in die Luft hebt, um ihn zu besiegen. Auf dem Boden stehend oder liegend, erhält der Riese immer wieder neue Kraft von seiner Mutter, der Erdgöttin Ge bzw. Gaia, wodurch er (nahezu) unbesiegbar war.

Eckermann-Haus (Brauhausgasse 13; I B2): Das Giebelhaus aus dem 16. Jh. ist eines der ältesten und schönsten Bürgerhäuser in der Frauenvorstadt. Auf dem historischen Stadtplan von Wolf aus den Jahren 1569–81 ist es bereits eingetragen. Der mit seiner Traufe zur Braugasse stehende Gebäudeteil ist hingegen jüngeren Datums. Der Grundriss zeigt eine klare Funktionsaufteilung nach den Bereichen Flur, Küche, Wohnstube und Garten (der heute zum Hof der Bauhaus-Universität gehört). Ein kleiner Teil des Hofes wird heute als Terrasse durch das im Eckermann-Haus etablierte Restaurant genutzt. Geringfügige Umbauten im Laufe der Zeit haben dem Gebäude nichts von seinem Charme genommen. Dendrochronologische Untersuchungen im Obergeschoss datieren die Hölzer in die Zeit um 1734; demnach wurden in der Mitte des 18. Jh.s Restaurierungen vorgenommen.

Besonders berühmt wurde das Haus dadurch, dass Johann Peter Eckermann, Mitarbeiter und Vertrauter Goethes, acht

Jahre lang, 1823–31, darin gelebt hat. Dieser kam aus einer einfachen Familie, er war der Sohn eines Hausierers und einer Näherin. Mit Fleiß und Ausdauer arbeitete er an seiner Fortbildung, besuchte das Gymnasium, beschäftigte sich intensiv mit Literatur und studierte die Werke Goethes. Am 24. Mai 1823 sandte er Goethe sein eigenes Werk, das den Titel trug: *Beiträge zur Poesie, mit besonderer Hinweisung an Goethe.* Goethe muss von der Arbeit Eckermanns beeindruckt gewesen sein, denn nur zwei Wochen später schickte er das Manuskript an seinen Verleger Cotta, mit der Empfehlung, das Werk zu verlegen. Das war der Beginn der jahrelangen fruchtbaren Zusammenarbeit zwischen Goethe und Eckermann – und der Zeitpunkt, an dem Eckermann das Haus in der Brauhausgasse bezog.

Nach einer unglücklichen Liebe zur Schauspielerin Auguste Kladzig, die er als 16-jährige junge Frau im Theater kennengelernt und für die er mehr als 14 Gedichte geschrieben hatte, heiratete Eckermann am 9. November 1831 Johanna Bertram aus Hannover nach zwölfjähriger Verlobungszeit. Eckermann verließ nun seine Junggesellenwohnung in der Brauhausgasse und zog mit seiner Frau in das Haus Theaterplatz 1a. Die Ehe entwickelte sich jedoch unglücklich. Nach einer Fehlgeburt brachte Johanna Eckermann 1834 den gemeinsamen Sohn Karl zur Welt; vier Wochen später (am 30. April) starb sie mit 32 Jahren.

Goethe beauftragte Eckermann mit der Edierung seiner anonymen Schriften, die er 1772/73 für die *Frankfurter Gelehrten Anzeigen* geschrieben hatte. Eckermann hatte damit seine lang gesuchte Lebensstellung gefunden, doch die Bezahlung war unzureichend, so dass er nebenher auch noch Privatunterricht geben musste. Für Goethe und sein umfassendes Schaffen war Eckermann der wichtigste Vertraute, Freund und willkommene Gesprächspartner. Mit großer Achtung äußerte er sich im

Briefwechsel mit verschiedenen Personen stets positiv über ihn: »Eckermanns Gegenwart ist mir von großem Wert; er übernimmt eine Arbeit, die ohne entschieden verabredete Folge nicht denkbar wäre.« Nach Goethes Tod 1932 erhielt Eckermann, der gerade erst 39 Jahre alt war, zwar den Titel Weimarer »Hofrat«, was seine beständige materielle Not aber nicht linderte. Seine erhoffte Lebensstellung bei Goethe hatte er verloren. Eckermanns herausragende Leistung war die Bearbeitung und Herausgabe von Goethes autorisierten *Gesprächen mit Goethe in den letzten Jahren seines Lebens* (3 Bde., 1836–48). Mit großer Zielstrebigkeit fasste Eckermann aus Tagebüchern, Notizen, Briefen und seinem hervorragenden Gedächtnis die verschiedenen Gedanken Goethes zu einem gelungenen Ganzen zusammen. Einsam und vergessen, starb Eckermann verarmt am 3. Dezember 1854 in seiner Wohnung Steubenstraße 3/5. Als fürsorglicher Vater hatte er seinem Sohn Karl ein Kunststudium ermöglicht, das dieser erfolgreich abschloss; es war letztlich die Grundlage für seine Karriere als Kunstmaler.

Außerhalb der Altstadt

Am nördlichen und westlichen Rand der Altstadt

Bauhaus-Museum Weimar (Stéphane-Hessel-Platz 1): Zum 100-jährigen Jahrestag der Bauhaus-Gründung wird 2019 im Weimarer Kulturquartier der 2015 begonnene Neubau des Bauhaus-Museums eröffnet, gemeinsam mit dem Neuen Museum (s. u; zur Ausstellung s. S. 196). Viele Jahre hatte man über die Außengestaltung des Baukörpers gestritten: Glas oder Beton? Die Architektin, Heike Hanada, sagte 2018 in einem Interview: »In meinen Augen trifft die Entscheidung, ob man Glas oder Beton wählt, nicht das Wesentliche. Wesentlich sind die drei Kriterien: Homogenität, Maßstäblichkeit, Horizontalität [...]. Eine Bauhaus-Ästhetik wollte ich eben nicht wiederaufgreifen oder kopieren; das wäre rückwärtsgewandt. Und die Frage der Gebäudetypologie richtet sich prinzipiell an jedes Museum: Letztlich vermitteln diese Gebäude zunächst nur, dass sie repräsentativ und öffentlich sind. Ob es ein Theater ist, ein Konzertsaal oder ein Museum, kann dann ein Schriftzug klären.« Zwischen Stadtraum und Schwanseepark erhebt sich der markante Kubus aus hellgrauem Beton; er ist horizontal von schimmernden Lichtbändern durchzogen. Der Innenraum ist bewusst offen gestaltet, mit reizvollen horizontalen und diagonalen Blickbeziehungen.

Neues Museum Weimar (Jorge-Semprún-Platz 5; II): Seit der Wiedereröffnung 2019 ist das Neue Museum (ursprünglich »Großherzogliches Museum«) Teil des neu gestalteten Museumsquartiers. Gegründet wurde es ursprünglich, weil Großherzog Carl Alexander einen Ausstellungsort für den *Odysseus*-Gemäldezyklus des Malers Friedrich Preller d. Ä. finden wollte. Im Laufe der Diskussionen entschied man sich dann

Das neue Bauhaus-Museum neben dem ehemaligen Gauforum

jedoch für den Bau eines neuen Museums – es handelte sich um den ersten dezidierten Museumsbau in Thüringen. Der Architekt Josef Zítek aus Prag errichtete 1864–69 das Gebäude im Stil der Neorenaissance; er erhielt den Auftrag aufgrund seiner Freundschaft mit Preller, der als Professor an der »Fürstlichen freien Zeichenschule Weimar« tätig war. Der Bau gehörte damals zu den herausragendsten Architekturschöpfungen Deutschlands.

Der Baukörper besteht aus einem Mittelbau mit umlaufenden Galeriegängen, bekrönender Kuppel und vier Eckpavillons. Die zweigeschossigen Fassaden des Kernbaus sind mit Rundbogenfenstern und toskanischen und korinthischen Pilastern gestaltet. Die Hauptfront wird durch eine breite Freitreppe betont. Nur die Erdgeschossfenster der Eckpavillons zeigen rechteckige Formen. Die Skulpturen von Robert Härtel in den Bogenzwickeln der Erdgeschossfenster auf der südlichen Eingangsseite verweisen auf die Funktion dieses Gebäudes: Ihre Attribute geben sie als Personifikationen der bildenden Künste, der Poesie und der Geschichte aus.

Nach dem Zweiten Weltkrieg wurde das Gebäude kaum noch genutzt und verfiel zunehmend. Nach umfassenden Sanierungen 1989–98 erscheint heute nur noch die Prellergalerie im Obergeschoss der Nordseite in ihrer ursprünglichen Farbigkeit und Gestaltung. Acht hohe Rundbogenfenster verleihen dem Raum gedämpftes Licht (von Norden) für Prellers 16 Wandgemälde in Wachsfarben, die die Episoden aus Homers *Odyssee* zum Inhalt haben. Zur Ausstellung s. S. 196.

Ehem. Gauforum (Weimarplatz 1, 2, 4 / Friedenstraße 1; II): Dem architektonisch manifestierten Machtwillen des Nationalsozialismus ist heute noch in vielen Städten Deutschlands zu begegnen. Adolf Hitler hatte mit seinen Architekten Hermann Giesler, Ludwig Ruff, Albert Speer und Paul Ludwig Troost vielfältige Architekturprojekte von gigantischen Dimensionen mit riesigen Prachtstraßen und Foren geplant, die aber nur zum Teil realisiert wurden. Der Ideologie des Nationalsozialismus folgend, musste der Architekturstil »völkisch« sein. Der ganz auf Sachlichkeit konzentrierte Bauhaus-Stil des frühen 20. Jh.s wurde grundsätzlich als »undeutsch« abgelehnt und schließlich sogar verboten. Durchgängig entschied man sich, die nationalsozialistischen Gebäude in Deutschland im Architekturstil eines starren und vereinfachten Neoklassizismus zu errichten. Weimar, das für Hitler ein Sprungbrett über München nach Berlin war, eignete sich hervorragend für dessen Selbstdarstellung: Am 3./4. Juli 1926 veranstaltete er hier seinen zweiten NSDAP-Parteitag und drei Jahre später war die NSDAP nach den thüringischen Landtagswahlen vom 8. Dezember 1929 mit 11,3 % der Stimmen (in Weimar mit 26,4 %) erstmals in Deutschland im Landtag vertreten.

Die Bedeutung Weimars während der NS-Zeit drückt sich auch in der Repräsentationsarchitektur des Gauforums aus, für das am 1. Mai 1937 mit einem Massenaufgebot von 40 000 Menschen aus ganz Deutschland die Grundsteinlegung erfolgte. Anwesend waren auch Rudolf Hess und der Gauleiter Fritz Sauckel, die den Platz nun in »Adolf-Hitler-Platz« umbenannten. Architekt war Hermann Giesler. Entsprechend Hitlers Entscheidung gehörte Weimar als Landeshauptstadt Thüringens auch zu den etwa 30 »auserwählten Neugestaltungsstädten«. Die Gesamtplanung für die Neugestaltung Weimars lag ebenfalls in den Händen von Giesler. Rigoros legte er das Gauforum aus vier monumentalen, räumlich nur wenig durchlässigen Gebäuden, auf einem Gelände von etwa 400 × 140 Metern, gleich einem sperrigen Riegel zwischen die Jakobsvorstadt und das Areal zum Bahnhof. Noch heute leidet die städtebauliche Entwicklung Weimars unter dieser Entscheidung. Das Neue Museum ist durch das Gauforum völlig von der Kernstadt abgeriegelt. Die Hoffnung für die Stadt gilt dem neuen Bauhaus-Museum südwestlich des Gauforums – ein Bindeglied zur Weimarhalle und zum Weimarhallenpark. 2005 eröffnete nach langjähriger Umbauphase in dem Gauforum die Ladenpassage »Weimar-Atrium« mit verschiedenen Geschäften und einer zweigeschossigen Tiefgarage. Andere Teile der Gebäude werden vom Landesverwaltungsamt und anderen öffentlichen Einrichtungen genutzt. Im Südflügel wird ab 2020 das »Museum Zwangsarbeit im Nationalsozialismus« untergebracht sein.

Herz-Jesu-Kirche (Paul-Schneider-Straße 1 / August-Fröhlich-Platz – der Sakralbau ist nur für Gottesdienste und Konzerte geöffnet; I A2): Nachdem 1817 die römisch-katholische Pfarrei von Jena nach Weimar verlegt wurde, vergingen noch mehr als 70 Jahre, bis die Weihe des Gotteshauses 1891 vollzogen werden konnte. Für einen Kirchenneubau gab es eine europaweite Spendenaktion, an der sich auch u. a. Franz Liszt und

Die im Stil des Späthistorismus mit Elementen der Romanik, Gotik und Renaissance gebaute Herz-Jesu-Kirche ist ein Werk von Maximilian Meckel aus Limburg (Weihe 1895)

als Inspirator im Vorfeld Johann Nepomuk Hummel beteiligten. Verschiedene Architekten legten Entwürfe vor, die aber alle vom Großherzog und/oder dem Bistum in Fulda abgelehnt wurden. Erst als 1888 der Diözesanbaumeister aus Limburg, Maximilian Meckel, Pfarrer Karl Jüngst honorarfrei verschiedene Rohentwürfe vorlegte, kam es zur verbindlichen Planung des neuen Kirchengebäudes. Am 17. November 1895 wurde schließlich die Gemeinde zum feierlichen Eröffnungsgottesdienst in die neue Herz-Jesu-Kirche eingeladen.

Meckel realisierte eine dreischiffige Basilika mit Querschiff, hoher Vierungskuppel und seitlich stehendem Turm, im Stil des Späthistorismus mit Elementen der Romanik, Gotik und Renaissance, wobei die Architekturformen der Neogotik überwiegen. Der Sakralbau wurde nach Westen ausgerichtet; aus städtebaulichen Gründen gestaltete man die Hauptfassade nach Osten zur Steubenstraße hin. Von der Ausstattung des Innenraumes seien zwei Werke erwähnt: Das spätgotische Kruzifix über dem Altar ist ein Meisterwerk von Tilman Riemenschneiders Schüler Hans Gottwald aus Lohr am Main. Das spätgotische polychrome Kruzifix ist in Holz gefasst und zeigt einen dreigenagelten Christus in streng geometrischer Haltung. Die Leiden Christi sind nur vage im Gesichtsausdruck erkennbar, der Körper ist ruhig und eben gestaltet, die Wundmale treten nur wenig hervor. Anlässlich des 200. Geburtstages Liszts (am 22. Oktober), eines der Förderer des Baus (er war zugleich Gemeindemitglied), wurde am 8. Mai 2011 die Franz-Liszt-Gedächtnisorgel mit 2500 Pfeifen und 46 Registern eingeweiht, deren Bau von der Deutschen Forschungsgemeinschaft mit 900 000 Euro mitfinanziert wurde.

♦ **Nietzsche-Archiv** (Villa »Silberblick«; Humboldtstraße 36; II): Auf der Anhöhe »Silberblick« südwestlich der Altstadt von Weimar ließ sich 1889/90 der Bezirksvorsteher August Meisezahl von dem Zimmermeister und Architekten Theodor Reinhard die großzügige Stadtvilla »Silberblick« errichten. Bereits 1897 verkaufte er das Anwesen an Meta von Salis-Marschlins, eine engagierte Frauenrechtlerin aus der Schweiz und Brieffreundin von Friedrich Nietzsche, den sie 1884 persönlich kennengelernt hatte. Nietzsches sich ab 1888 verschlimmernde Krankheit war der Grund für den Kauf des Hauses, das sie noch im gleichen Jahr an Nietzsches Schwester Elisabeth Förster-Nietzsche vermietete, damit diese ihrem kranken Bruder in diesem Haus eine angemessene Pflege zukommen lassen konnte. Weiterhin war ihr wichtig, dass das 1894 in Naumburg gegründete Nietzsche-Archiv, das bereits seit 1896 in Weimar untergebracht war, hier einen würdigen Raum bekam. Weimar war für Nietzsches Schwester der gewünschte Ort für das von ihr gegründete Archiv, weil sie das international geschätzte »Goethe-Schiller-Archiv« als Vorbild betrachtete.

Gegenstand des Mietvertrages war u. a., dass keine baulichen Veränderungen ohne Zustimmung der Vermieterin durchgeführt werden durften. Daran hielt sich Förster-Nietzsche aber nicht, so dass es zu massiven Spannungen zwischen der Förderin von Salis und Nietzsches Schwester kam. Schon im Frühjahr 1898 beauftragte Elisabeth Förster-Nietzsche den in Weimar sehr angesehenen Architekten Rudolf Zapfe mit diversen Umbauarbeiten. Noch im Frühjahr des gleichen Jahres verkaufte daraufhin Meta von Salis die Stadtvilla »Silberblick« an Nietzsches Vetter Adalbert Oehler, der gemeinsam mit Nietzsches Schwester 1893–1900 Vormund des zwischenzeitlich geisteskranken Dichters war. Friedrich Nietzsche starb am 25. August 1900 in einem Zimmer im Obergeschoss der Villa Silberblick. Fortan widmete sich seine Schwester der Aufarbeitung seiner Schriften, wobei sie für die Archivierung bedeutende Gelehrte wie Rudolf Steiner beschäftigte. Doch bei der Bearbeitung des Nachlasses brachte sie sich selbst über Gebühr ein – diese unheilvolle Manipulation und Verfälschung des philosophischen Werkes sollte die Nietzsche-Forschung noch lange erheblich behindern.

Bei einem Berlin-Besuch im Jahr 1901 lernte Elisabeth Förster-Nietzsche im Salon von Cornelia Richter auch Henry van de Velde kennen, dem sie in Weimar freundschaftlich verbunden blieb. Gemeinsam mit ihm, der ein Bewunderer Nietzsches war, und Harry Graf Kessler bereitete sie eine Prachtausgabe von Nietzsches *Also sprach Zarathustra* vor. Aus dieser Zusammenarbeit ergab sich die Empfehlung an den Großherzog, van de Velde als künstlerischen Berater einzustellen; am 1. Januar 1902 trat er sein Amt in Weimar an (s. S. 19; 161). Noch im gleichen Jahr kaufte Förster-Nietzsche die Villa von ihrem Vetter und ließ sie nach Plänen von van de Velde umbauen. Für Henry van de Velde war es der erste große Auftrag in Weimar. Seine Grundidee war, die Raumkonzeption nicht allein nach funktionellen Kriterien anzulegen. Ihm war vor allem daran gelegen, das Gebäude als eine würdevolle Weihestätte für den verstorbenen Philosophen zu gestalten. Für die Innengestaltung und die Möbel stand ihm der schwedische Zeichner Hugo Westberg zur Seite.

Die neue Architektursprache van de Veldes zeigt sich bereits an der Eingangsfassade. Die weißen Wandflächen werden von profilierten Sandsteinstreifen vertikal und horizontal betont. Über der Eingangstür ist eine waagerechte Sandsteinplatte mit der Antiqua-Inschrift »nietzsche-archiv« in die Wand eingearbeitet. Der obere Rahmen der Eingangstür aus Holz leitet mit einem leichten Segmentbogen raffiniert zu den seitlichen Fensterrahmen über. 1945 wurde das Nietzsche-Archiv von den sowjetischen Besatzern geschlossen. Bei Umbauarbeiten 1982/85 gingen wertvolle Originalbauteile verloren. So wurden u. a. das Totenzimmer Nietzsches und die Antiqua-Inschrift zerstört. Die Sanierungen in den Jahren 1990/92 erfolgten nach den Ausführungsplänen von 1903; die Gestaltung der Innenräume durch van de Velde einschließlich ihrer Einrichtungen konnte nahezu originalgetreu wiederhergestellt werden. Seit dem Jahr 2000 ist das Nietzsche-Archiv eine museale Erinnerungsstätte. Die wertvollen Schriften des Dichters befinden sich heute im Goethe-Schiller-Archiv.

Vom Park an der Ilm nach Süden bis zum Schloss Belvedere

Der **Park an der Ilm**, einem Nebenfluss der Saale, ist Teil des UNESCO-Weltkulturerbe-Ensembles »Klassisches Weimar«, und gehört heute zu den schönsten Landschaftsparkanlagen Europas; er wird auch Goethe-Park genannt. Idyllische Wanderwege entlang der Ilm führen vom Park Richtung Süden bis zum Schloss Belvedere und nach Nordosten Richtung Schloss Tiefurt – beide Schlossanlagen sind ebenfalls in wunderschöne Parkanlagen eingebettet. Wer im Park an der Ilm spazierengehend die Natur genießt, wandelt durch Landschaften, die 1778–87 nach Vorstellungen von Goethe und Carl August mit unterschiedlichen Kunstwerken zu einer Ideallandschaft verwirklicht wurden. Ziel war, bewusste Bezüge zwischen Landschaft und Kunstwerk zu schaffen. Schon 1776 hatte Goethe in seinem Gartenhaus östlich der Ilm, das er von Carl August geschenkt bekommen hatte, mit der Verschönerung seines Gartens begonnen. Doch erst das »Luisenfest« am 9. Juli 1778, zu Ehren des 21. Namenstages von Großherzogin Luise, war die Geburtsstunde für die Neugestaltung der Landschaft an der Ilm zu einem Gartenkunstwerk. Damals arrangierte Goethe die Errichtung einer »Einsiedelei« unter Einbeziehung eines alten Pulverturms, mit einer strohgedeckten Kapelle, auch »Luisenkloster« genannt. Diese für das Fest geschaffene kunstvolle, romantische Landschaft am westlichen Steilhangufer gilt als Ursprung der hiesigen Parkgestaltung. Goethe zog sich bereits 1787 von den Planungen zurück. Dennoch konnten später weitere klassizistische und nachklassizistische Elemente verwirklicht werden. Erst mit dem Tod von Carl August (1828) endete die aktive Förderung des Gartenkunstwerkes an der Ilm.

Stern (I C2): Die sternförmige Weganlage im nördlichen

Stadtschloss (1), Sternbrücke (2), Sphinxgrotte (3), Ehemaliges herzogliches Reithaus (4), Herzogin Anna Amalia Bibliothek (5), Haus Charlotte von Steins (6), Euphrosynen-Denkmal (7), Goethes Gartenhaus (8), Ruine des Tempelherrenhauses, künstliche Ruine (9),

Teil des Ilm-Parks war der ursprüngliche Mittelpunkt des barocken Wegesystems – der frühbarocke Schlossgarten existierte bis zum Schlossbrand des Jahres 1774. Dessen älteste urkundliche Erwähnung als Sterngarten datiert in das Jahr 1685. Östlich des Stadtschlosses führt die Sternbrücke über die Ilm zum Sterngartenteil. Im Rahmen der Gartengestaltung entstanden 1784/86 bei der Einfassung der Läuterquellen das Ochsenauge und die Sphinxgrotte, zwei eingefasste Karstquellen mit unterirdischer Entwässerung. Erst um 1800 wurden die am Ilm-

Thüringisches Hauptstaatsarchiv (10), Liszt-Haus (11), Zugang zur »Parkhöhle« (12), Sowjetischer Ehrenfriedhof (13), Borkenhäuschen (14), Franz-Liszt-Denkmal (15), Haus am Horn (16), Villa Haar (17), Römisches Haus (18), Bienenmuseum (19)

ufer stehenden Fischerhäuser abgerissen und die Fischteiche zugeschüttet, um für den Park im Schlossbereich noch mehr Raum zu schaffen.

Goethes Gartenhaus (I D3) ist heute zugleich Sinnbild und Symbol für die Weimarer Klassik. Um den erst 27-jährigen Goethe an Weimar zu binden, verlieh man ihm am 26. April 1776 das Bürgerrecht der Stadt Weimar und der erst 19-jährige Großherzog Carl August kaufte und schenkte ihm das kleine Häuschen mit Garten an den östlichen Hängen der Ilm.

Ein Vorgängerbau wurde im 16. Jh. von Weinbauern genutzt, um 1600 wurde er als zweigeschossiges Fachwerkhaus neu errichtet. Nach 1695 vergrößerte man das Haus, so dass es seine heutige architektonische Gestalt erhielt. Im 18. Jh. war es verwahrlost, der Garten verwildert, aber Carl August ließ alles großzügig auf eigene Kosten nach den Bedürfnissen und Wünschen Goethes umgestalten und möblieren, so dass der Dichter es bereits am 17. Mai 1776 beziehen konnte. Hier lebte Goethe bis 1782 und erneut nach seiner ersten Italienreise ab dem 18. Juni 1788, nun mit seiner späteren Frau Christiane Vulpius. In der Natur und in den bescheidenen Räumen fand Goethe Ruhe vor der Hektik am Hofe und Muße für seine Naturstudien und für seine literarische Arbeit. In seinem Arbeitszimmer im Obergeschoss entstanden u. a. folgende Gedichte und Werke: *An den Mond*, *Wandrers Nachtlied*, *Rastlose Liebe* sowie die Frühfassungen bzw. Teile von *Wilhelm Meisters Lehrjahre*, *Torquato Tasso*, *Faust* und *Italienische Reise*. 1792 zog Goethe in sein »palastartiges« Wohnhaus am Frauenplan. Am 20. Februar 1832, einen Monat vor seinem Tod am 22. März, besuchte er das Gartenhaus zum letzten Mal.

Bei der Restaurierung 1995/96 war man bestrebt, in den Innenräumen des Obergeschosses die Originalfarbtöne von 1820/21 in tradierter Technik mit Wand-Leinen-Bespannung und beklebtem Bogenpapier wiederherzustellen. Der graue Farbton der Außenwände geht auf den Zustand von 1778 zurück. Das Mobiliar entspricht dem Zeitgeist jener Epoche.

Goethes »Garten am Stern« nimmt eine Fläche von etwa 9700 m^2 ein und ist heute wieder ein ganz besonderes Juwel der Gartenpflege. Goethes Kunstwerk *Stein des Guten Glücks*, auch »Altar der Agathe Tyche« genannt, steht im Norden der Anlage. Es ist eines der ersten abstrakten Kunstwerke in Deutschland, ferner das erste Kunstwerk, das im Park an der

Ilm aufgestellt wurde, und letztlich ist es die einzige im Original erhaltene Skulptur in dem Landschaftspark. Goethe schuf es 1777 als Geburtstagsgeschenk für seine sieben Jahre ältere »Seelenfreundin« Charlotte von Stein. Das Werk besteht aus zwei einfachen geometrischen Körpern: einem Steinquader und einer Kugel, die auf ihm ruht. Beide Körper wurden aus rotem Tonndorfer Sandstein modelliert. Goethes Namensgebung »Agathe Tyche« (Göttin des Zufalls) in Verbindung mit den beiden »Steinen« hat symbolische Aussagekraft: Der Quader steht für ein festes Fundament und für Beständigkeit, die Kugel für Labilität und ständige Bewegung. Vielleicht wollte Goethe mit diesem Werk seiner »Seelenverwandtschaft« zu Charlotte von Stein symbolisch Ausdruck verleihen, Charlotte als jenen kraftgebenden, ruhenden Pol sehen, der dem stets umtriebigen Goethe Halt gab. An Charlottes Lieblingsplatz in Goethes Garten, den der Dichter »das ihr geweihte Heiligtum« nannte, wurde eine Steintafel mit einem Gedicht Goethes angebracht:

hier gedachte still ein liebender seiner geliebten
    heiter sprach er zu mir: werde mir zeuge du stein
doch erhebe dich nicht du hast noch viele gesellen
    iedem felsen der flur die mich den glyklichen naehrt
iedem baume des walds um den ich wandernd mich schlinge
    ruf ich weihend und froh: bleibe mir denkmal des glyks
dir allein verleih ich die stimme. wie unter der menge
    einen die muse sich waehlt freundlich die lippen
                    ihm kysst.

Felsentor / Nadelöhr (Nr. 14): Im Januar 1778 fanden Goethes Diener die Leiche der 17-jährigen Christiane Laßberg in der Ilm. Sie hatte aus Liebeskummer Selbstmord begangen. In ihren Händen soll sie die *Leiden des jungen Werthers* gehalten haben. Der Dichter war so sehr von diesem Vorfall betroffen, dass er von dem Hofgärtner Carl Gentzsch »der armen Christel« zum Gedenken am steilen Westufer der Ilm, bei der Naturbrücke, die gewundene Felsentreppe mit dem Felsentor aus dem Konglomeratgestein heraushauen ließ. Dies war Goethes erste Kunstschöpfung in dem Park. Die 2009 erneuerte Naturbrücke ist die älteste Flussüberquerung im Ilm-Park: sie wurde 1647 als Steg gebaut.

An der Stelle des **Tempelherrenhauses** (Nr. 9) befand sich bereits in der 1. Hälfte des 18. Jh.s eine Orangerie bzw. ein Gewächshaus, das 1786/87 im Zuge der neuen Parkgestaltung einem herzoglichen Sommerhaus, dem »Gotischen Salon«, weichen musste. Das Sommerhaus diente geselligen fürstlichen Feierlichkeiten. Es wurde 1788 mit vier neogotischen Holzstatuen des Hofbildhauers Martin Gottlieb Klauer ausgestattet: Die Statuen tragen lange Gewänder und sind mit einem großen Kreuz nach Art der Kreuzritter versehen. 1811 wurde auch dieses Gebäude abgetragen und nach Plänen von Carl F. Chr. Steiner durch ein neogotisches Gewächshaus ersetzt, in dem die Skulpturen von Klauer wieder aufgestellt wurden. Nach ihnen wurde das Gebäude »Tempelherrenhaus« genannt. Im Laufe verschiedener Bauphasen fügte man 1816/17 nach Anregungen von Goethe dem Anwesen einen Aussichtsturm mit einer Terrasse als Turmabschluss hinzu. 1821/23 erfolgte der Umbau zu einem Sommersalon, zu dem Goethe mehrere Entwürfe vorlegte. In den folgenden Jahren schuf Johann P. Kauffmann, ein Schüler von Antonio Canova und Bertel Thorvaldsen, fünf Tempelherrenskulpturen aus Stein für den Sommersalon; sie wurden bis 1830 aufgestellt. Das Tempelherrenhaus diente der herzoglichen Familie für gesellschaftliche Anlässe und Konzerte; u. a. gab Franz Liszt in diesen Räumen Klavierkonzerte. Nach 1840 nutzte man das Gebäude für unterschiedliche Zwecke. Anfang des 20. Jh.s diente es als Atelier für den Bauhaus-Lehrbetrieb. Bomben zerstörten das Gebäude 1945 so sehr, dass es aus Sicherheitsgründen größtenteils abgetragen werden musste, so dass heute nur noch der neogotische Turm mit dem spitzbogigen Stufenportal-Eingang und Teile der nördlichen Mauern erhalten sind. An den stehen gebliebenen Pfeilern der Ruine wurde eine kopflose Statue der Tempelherren Kauffmanns wieder angebracht. Letzte umfangreiche Sanierungen fanden im Jahr 2005 statt.

Künstliche Ruine (Nr. 9): Das Gelände oberhalb des Ilmufer-Steilhanges bis zum Tempelherrenhaus und zur heutigen Ackerwandstraße gehörte um 1600 zum Welschen Garten am Stiedenvorwerk. Herzog Ernst August I. schenkte 1733 den Büchsenschützen von diesem Areal ein Gartenstück für die Errichtung einer Kugelfangmauer. Bei der Umgestaltung der Ilm-Landschaft zu einem Gartenkunstwerk nutzte man 1784 Teile der Schießmauer für die Künstliche Ruine und fügte Spolien unterschiedlicher Gebäude aus verschiedenen Epochen ein: darunter Werkstücke aus dem 1744 abgebrannten Schloss, ein Wappenstein der Grafen von Gleichen aus dem Jahr 1577, ein Teilstück eines gotischen Spitzbogenportals, steinerne Löwenköpfe und andere Architekturfragmente. Das Ergebnis erinnert an eine zerstörte mittelalterliche Burg.

Borkenhäuschen/»Luisenkloster« (Nr. 14): Das Borkenhäuschen liegt am Ostufer des Steilhangs an der Ilm. Der im Grundriss elliptische Holzturm hat seinen Namen aufgrund der mit Borke verkleideten Außenwand. Das Gelände gehörte ursprünglich zur Flur »Kalte Küche« – bis 1788 durch Schwarzdorngebüsche eine undurchdringliche Wildnis. Das seltsam anmutende Gebäude gehört zu den Überresten der von Goethe geplanten mönchischen »Einsiedelei« des »Luisenklosters«, das eigens für das Luisenfest am 9. Juli 1778 zu Ehren des

21. Namenstages von Großherzogin Luise, Gemahlin von Carl August, gebaut wurde. Die »Klosterbauten« bildeten die gewünschte Kulisse für sein lustiges »Mönchsspiel«, das Goethe anlässlich des Festes inszenierte. Diese Kunstbauten in der freien Natur gaben Goethe und Carl August den Impuls für eine umfassende Gestaltung der Landschaft an der Ilm. Für Goethe war es die »Geburtsstunde« des Parks an der Ilm. Carl August nutzte nach dem Fest die »Klause« in der beruhigenden Natur der Ilm-Landschaft als Rückzugsort abseits des Alltagsgeschäfts am Hofe. Das Borkenhäuschen wurde nach vielen Umbauten und Kriegszerstörungen 1960, dem Original nachempfunden, restauriert.

Das luxuriöse **Römische Haus** (Nr. 18) auf der Ebene oberhalb des westlichen Ilmufers ist ein Meisterwerk des frühen Klassizismus und steht symbolhaft für die Epoche der Weimarer Klassik. Die maßgeblichen gestalterischen Ideen für diesen »antiken Tempel« gehen auf Goethe zurück. Schon während seines Italienaufenthaltes (1786/88) suchte er, inspiriert durch die italienischen Landvillen, nach einer neuen Raumschöpfung als Ersatz für das von Carl August als Oase der Ruhe genutzte Borkenhäuschen. Bei der Planung und beim Bau des Gebäudes 1792–98, das man erst »Lusthaus«, dann »Neues Haus« und schließlich »Parkhaus« nannte, konnte Goethe auf die namhaftesten Architekten und Künstler jener Zeit zurückgreifen: Der Entwurf stammte von Johann A. Arens, der auch am Wiederaufbau des herzoglichen Schlosses beteiligt war. Für die Gestaltung der Innenräume war Christian F. Schuricht verantwortlich. Das Bildprogramm für die Innenräume, für das Deckengemälde über dem Durchgang und für die Giebelskulpturen wurde von Goethe und Johann H. Meyer als Gesamtkomposition mit den Themen Dichtkunst und Musik zusammengestellt. Für die Ausführung der Malereien standen ihnen Conrad Horny, Adolf Temler und Georg M. Kraus zur

Das 1792–98 von Johann A. Arens errichtete Römische Haus ist ein Meisterwerk des frühen Klassizismus und steht symbolhaft für die Epoche der Weimarer Klassik.

Verfügung. Für die Bauskulpturen wurden Martin G. Klauer und Friedrich W. E. Doell engagiert.

Der Römische Tempel steht in exponierter Lage hoch über dem Ilmufer. Von seinem Standort aus führen strahlenartig Sichtachsen in alle Richtungen, so dass der Tempel von zahlreichen Punkten des Ilmtals und von der Belvedere-Allee aus immer wieder neu in seinen klaren Architekturformen zu sehen ist. Über den Steilfelsen des Ilmtals erhebt sich der zweigeschossige Bau – nach Westen aber sind nur eine Freitreppe und darüber vier ionische Säulen samt Giebelaufbau zu sehen. Der Architrav ist ohne Metopen und Triglyphen gegliedert, das Giebelfeld zeigt eine Skulpturengruppe: Dargestellt sind ein geflügelter Genius mit ausgebreiteten Armen und personifizierte Allegorien mit den Attributen für Landwirtschaft und Gartenbau sowie für Wissenschaft und Kunst.

Das offene und dennoch schwer wirkende Durchgangsgeschoss auf der Ilmseite besteht aus rustizierten Wandteilen und drei Bogenöffnungen mit zwei gedrungenen dorischen Doppelsäulen. Von hohem künstlerischem Wert ist das Deckengemälde über dem offenen Durchgang, das Johann H. Meyer nach dem Vorbild des *Musenreigens mit Apoll* von Baldassare Peruzzi aus Siena geschaffen haben soll. Dargestellt ist einerseits eine Illusionsarchitektur mit einem Metopen-Triglyphen-Fries und einer Kassettendecke, zum anderen sind die Themen Dichtkunst und Musik aufgegriffen: Die Metopenfelder zeigen im Wechsel Musikinstrumente, Theatermasken und Siegerkränze. Das Zentrum des Bildes nimmt ein geflügelter Pegasos als Symbol für Literatur und Buchkunst ein. An den Wandzwickeln unterhalb der Friese erscheinen die vier personifizierten Elemente Feuer, Wasser, Erde, Luft: Im Norden Hephaistos, Gott der Schmiedekunst, für das Feuer und die auf einem Mischwesen übers Meer reitende Amphitrite, Meeresgöttin und Tochter des Poseidon, als Wasser, im Süden Zephyr, Gott des Westwindes, für das Element Luft, mit einem Totenkopf im Schoß, und Kybele, die große Muttergottheit des Orients, für das Element Erde mit einem Füllhorn voller Blumen und der Erdkugel zu ihren Füßen. An der Ostwand mit Blick in das Ilmtal ist links eine seltene Darstellung von Arion zu sehen, der hier auf einem Delphin reitet. Im griechischen Mythos ist Arion ein göttliches Pferd, das aus der Verbindung von Demeter und Poseidon entstand: Demeter verwandelt sich auf der Flucht vor Poseidon in eine Stute, doch der Meeresgott Poseidon lässt nicht von ihr ab, verwandelt sich in einen Hengst und besteigt sie. Rechts führt Orpheus mit der Leier seine geliebte Eurydike, die an einem Schlangenbiss gestorben ist, aus dem Hades. Diesen Darstellungen gegenüber tanzen an der Westwand die Musen hingebungsvoll mit Apoll einen Reigen (nach dem Vorbild von Peruzzi?). Flankiert wird dieser Reigentanz von je einer bekrönten Sphinx.

Die repräsentativen Innenräume, die Carl August aber vornehmlich für seine Privatsphäre nutzte, zeigen Einflüsse der Formensprache von Palladio und der Wandgestaltungen römischer Villen in Pompeji. Keiner der Räume ist heute möbliert, da alle Originalmöbel aus der Zeit um 1830 verloren gegangen sind. Das Römische Haus war für Carl August ein Ort der Ruhe und Entspannung. Hier wurde er nach seinem Ableben aufgebahrt: Er war auf der Rückreise von Berlin nach Weimar erkrankt, hatte am 14. Juni 1828 Zwischenstation im Schloss Graditz gemacht und war dort am Abend verstorben; sein Leichnam wurde am 17. Juni überführt, am 21. Juni traf er in Weimar ein – und wurde noch am gleichen Tag erst im Römischen Haus und dann in der Jakobskirche aufgebahrt; am 9. Juli wurde er in der Fürstengruft neben Schiller beigesetzt, wo später auch Goethe seine letzte Ruhe fand.

Bei umfangreichen Sanierungen in den Jahren 1996–99 sicherte man das Gebäude über dem gefährdeten Steilhang am Ilmufer ab, versuchte sich der Originalfassung der klassizistischen Raumschöpfung anzunähern und strebte bei der Wandgestaltung möglichst genaue Farbechtheit an.

Russischer Friedhof (Goethe-Park / Park an der Ilm, Nr. 20; I C3): Der Sowjetische Ehrenfriedhof wurde 1945 südlich der künstlichen Ruinen des Tempelherrenhauses für die in Thüringen nach Kriegsende bis April 1946 verstorbenen Soldaten der 8. Garde-Armee angelegt. Bis 1955 erfolgten weitere Beisetzungen, so dass insgesamt 650 sowjetische Soldaten hier ihre letzte Ruhe fanden. Das von dem Weimarer Künstler Eberhard Reppold geschaffene Kunstwerk aus dem Jahr 1975 stellt einen stilisierten Panzer mit einem Roten Stern dar und trägt eine russische Inschrift, übersetzt: ›Ewiger Ruhm den Helden 1941–1945‹.

Liszt-Haus (Marienstraße 17/17a; I C3): Das zum 200. Geburtsjahr von Franz Liszt 2011 neu eröffnete Liszt-Museum war einst das Wohnhaus der fürstlichen Hofgärtnerei. 1798/99 von dem Architekten Johann F. R. Steiner errichtet, wurde das Gebäude »Pavillon vor dem Frauenthore« genannt. 1819 führte Clemens W. Coudray Umbauarbeiten durch. Im Obergeschoss auf der Seite zur Marienstraße findet sich ein schönes Beispiel des Palladiomotives, bestehend aus einem Rundbogenfenster mit je einem seitlich anschließenden Rechteckfenster; es gehört zu den frühesten italienischen Renaissancemotiven in Weimar. Andrea Palladio war der »erste Berufsarchitekt«, ein wichtiger Vertreter der Renaissance in Italien. In der Zeit von 1854 bis 1868 nutzten die Maler Friedrich Preller d. Ä. und Hermann Wislicenus das Obergeschoss auf Veranlassung der Großherzogin Maria Pawlowna als Atelier.

Franz Liszt lernte 1847 in Kiew die verheiratete Carolyne zu Sayn-Wittgenstein kennen. Gemeinsam kamen sie 1848 mit Carolynes Tochter Marie nach Weimar. Maria Pawlowna schenkte Carolyne von Sayn-Wittgenstein 1848 die Altenburg (Jenaer Straße 3) und zahlte Liszt aus Privatmitteln sein Gehalt, verpflichtete ihn zum musikalischen Oberleiter der Hofkapelle und legte damit den Grundstein für die international anerkannte Musiktradition Weimars: Maria Pawlownas Liebe zur Musik war die Quelle ihres Engagements für den Ausbau Weimars als Stadt der Musik, die sie bis heute geblieben ist. Das »Maria Pawlowna-Stipendium« der Hochschule für Musik Franz Liszt, das seit 2004 jährlich vergeben wird, erinnert an die große Musik-Mäzenin im »Silbernen Zeitalter« von Weimar. Maria Pawlowna selbst komponierte, spielte Cembalo, Harfe und Klavier und hatte in St. Petersburg Kompositionsunterricht bei dem Hofkapellmeister Giuseppe Sarti erhalten. Nach Eckermann soll Franz Liszt seine »Consolation Nr. 4« nach einer Melodie von Maria Pawlowna geschrieben haben. In Weimar war es ihr ein großes Anliegen, der Stadt Goethes mit der Musik einen würdigen Gegenpart zu schaffen. In großartiger Weise führte Liszt neben seinen eigenen Stücken auch Werke von Wagner, Berlioz, Schumann u. v. a. Komponisten auf. Carolyne zu Sayn-Wittgenstein und Liszt lebten bis 1860/61 in der Altenburg. Immer war aber das Zusammenleben des unverheirateten Paares ein »Stein des Anstoßes« – Papst Pius IX. verweigerte die von Carolyne gewünschte Scheidung. Aus seiner ersten Ehe (1834–39) mit Marie d'Agoult hatte Liszt drei Kinder, u. a. auch die Tochter Cosima, die 1870 Richard Wagner heiratete. (Nach der Trennung des Paars war Marie d'Agoult 1839 mit den drei Kindern nach Paris gegangen).

Ab 1869 bewohnte Franz Liszt jedenfalls bei seinen diversen Aufenthalten in Weimar das Obergeschoss des Hauses in der Marienstraße. Als er 1858 sein Amt des Hofkapellmeisters in Weimar aufgab, lebte und gastierte er fortan auch in Budapest und Rom. Bereits ein Jahr nach seinem Tod (31. Juli 1886 in Bayreuth) ließ Großherzog Carl Alexander 1887 das Wohnhaus in der Marienstraße zu einer Liszt-Gedenkstätte umwandeln. Nach schweren Schäden Ende des Zweiten Weltkrieges folgten 1948–52 umfangreiche Restaurierungen und 2010/11 zum 200. Geburtstag weitere Sanierungen. Das kleine Museum zeigt heute im Erdgeschoss eine Dauerausstellung in Kooperation der »Klassik Stiftung Weimar« mit der Hochschule für Musik Franz Liszt. Im Obergeschoss ist Liszts Wohnung mit historischer Einrichtung zu sehen, unter anderem sein Wohn- und Arbeitszimmer, sein schwarzpolierter Bechstein-Konzertflügel und sein Klavier der Firma Ibach.

Bauhaus-Universität Weimar (ehem. Kunstgewerbeschule und Kunstschule; Geschwister-Scholl-Straße 7 und 8; I B3): Die Ursprünge der Bauhaus-Universität beginnen bei Henry van de Velde, der universell und europaweit als Architekt und Designer für Gegenstände der Wohnkultur tätig war (s. S. 19). Ihn berief Großherzog Wilhelm Ernst II. 1902 zum künstlerischen Berater des Kunstgewerblichen Seminars. Nach seinen Plänen wurden 1905/06 zwei in einem rechten Winkel zueinander stehende Gebäudeteile errichtet. In ihnen wurde die 1907 von van de Velde gegründete **Kunstgewerbeschule** untergebracht, die er bis zur Schließung der Lehranstalt 1915 als Direktor selbst leitete. Das winkelförmige Gebäude hat ein Erdgeschoss und ein hohes Mansardengeschoss mit großen Atelierfenstern, die als Gauben ausgebildet sind. Die Fassadengestaltung zeigt die neuen Wege der Architektur van de Veldes. Breite Lisenen mit Basen strukturieren die Wandfensterflächen und leiten geschickt durch gleich breite Dachschrägen zur gekrümmten Walmdachfläche über. Ebenso greifen die Erdgeschossfenster die Breite der Gaubenfenster auf, wobei ihre Pultdächer die gleiche Neigung der Dachfläche aufnehmen. Die südliche Giebelfassade betont in Gestalt eines Hufeisens deutlich die gekrümmte Dachfläche. Die Ostfassade mit ihrem schmalen konvexen Anbau zeigt bereits das neue Element eines Hufeisenbogens, das van de Velde später beim Bau der Kunstschule übernahm.

Auch für die schon 1860 durch Carl Alexander gegründete Großherzoglich-Sächsische **Kunstschule** Weimar erhielt van de Velde den Bauauftrag. Leiter der Kunstschule war 1902–10 der Maler Hans Olde. In den Jahren 1904/05 entstand nach den Plänen van de Veldes südöstlich der Kunstgewerbeschule der zweigeschossige Ostteil der Kunstschule. Aus Geldmangel konnte das Gebäude mit seinem Mitteltrakt und dem Westflügel erst 1911 fertiggestellt werden. Die Fassaden zeigen auch hier die klare Architektursprache van de Veldes: Ähnlich der Gestaltung der Kunstgewerbeschule bestimmen breite Lisenen die Wandfensterflächen. Hier enden aber die Lisenen oben ohne Ausbildung einer Traufe. Das Obergeschoss ist weit höher angelegt als das Erdgeschoss, das Mansardengeschoss ist durch großflächige Fenster lichtdurchflutet. Während beim östlichen Gebäudeteil der Nordfassade die Dachfenster in der schrägen Dachhaut liegen, passt sich im Mansardengeschoss im Westen die Wölbung der Fenster der gekrümmten Dachfläche an.

Nach Schließung der Kunstgewerbeschule (1915) erhielt Walter Gropius 1919 den Auftrag, diese mit der Kunstschule zu vereinen. Aus beiden Institutionen entstand so das **»Staatliche Bauhaus«**, das 1925 nach Dessau und 1932 nach Berlin umziehen musste, bis es 1933 von der NS-Regierung verboten wurde. In den Bauten van de Veldes war nach 1926 die »Staatliche Hochschule für Handwerk und Baukunst« untergebracht. 1996 erhielt die Hochschule ihren heutigen Namen Bauhaus-Universität Weimar. Beide Gebäude van de Veldes gehören seit Dezember 1996 zum UNESCO-Weltkulturerbe-Ensemble »Bauhaus-Stätten in Weimar und Dessau«. Im zentralen Treppenhaus steht Rodins Bronzeskulptur *Eva* von 1888, eine junge Frau im Kontrapost, die ihren leicht nach unten geneigten Kopf schützend hinter den verschränkten Armen verbirgt.

Historischer Friedhof (Am Poseckschen Garten / Theodor-Hagen-Weg / Karl-Haußknecht-Straße; I B3): »Tod, wo ist dein Sieg, Tod, wo ist dein Stachel?« (1. Kor. 15,55). Hier ist der »Traum« von Totenruhe lebendig: Der Historische Friedhof ist paradiesische Parkanlage und würdevoller Memorialort zugleich. Seine Ursprünge gehen auf Großherzog Carl August zurück: Nachdem der seit 1530 genutzte Friedhof an der Jakobskirche keinen Raum mehr für Bestattungen hatte, ermöglichte Carl August durch die Schenkung dieses Grundstückes die Anlage des »neuen« Friedhofs. Am 23. März 1814 unterzeichnete der Großherzog die Schenkungsurkunde, woraufhin mit der Erschließung des Grundstücks begonnen wurde. Vier Jahre später, am 20. März 1818 (einem Karfreitag), erfolgte die feierliche Einweihung des »Friedhofs vor dem Frauenthore« mit kirchlichen Würdenträgern, Stadträten und Bürgern

Weimars. Am 11. April wurde der 49-jährige Schauspieler Johann Bernhard Eulenstein als erster Verstorbener auf dem neuen Friedhof bestattet. Heute ist der Friedhof weniger ein Ort mit künstlerisch wertvollen Grabmonumenten als vielmehr ein Memorialort von historischem Wert, der das klassische Weimar und die Kunst des Klassizismus widerspiegelt.

Kommt man vom Poseckschen Garten, erhebt sich gleich links des Weges die neoromanische **Gedächtnishalle**, die 1877 von der Weimarer Sparkasse gestiftet worden ist. Errichtet wurde der Bau als Friedhofskapelle für Trauergottesdienste. Architekt war Carl H. F. Streichhan. Nachdem man 1906 das Gelände für den neuen Friedhofsteil weiter südlich erschlossen und zugleich ein neues Friedhofsgebäude errichtet hatte, bedurfte es der alten Friedhofskapelle nicht mehr. Daraufhin ließ man die Kapelle 1921 als Gedächtnishalle für die »gefallenen der stadt weimar« im Ersten Weltkrieg umbauen. Über dem Rundbogen des Portals erinnert ein eingemeißeltes *Eisernes Kreuz* an die Kriegsjahre. Im Innenraum sind die Namen von 1341 gefallenen Bürgern der Jahre 1914–18 angebracht. Nachdem man 1946 das Kriegsdenkmal am Watzdorfplatz demontiert hatte, überführte man dessen vier Bronzetafeln mit den Namen von 344 Gefallenen des Deutsch-Französischen Krieges von 1870/71 zum Historischen Friedhof und baute sie in die Südseite der Gedächtnishalle ein. An der Nordseite erin-

---

Historischer Friedhof mit ausgewählten Gräbern: Johanna Eckermann (1), Christian Kotzebue (2), Johann P. Eckermann (3), Maria Pawlowna und Carl Friedrich in der Fürstengruft (4), Friedrich von Müller (5), Johann N. Hummel (6), Johann Wolfgang Goethe (7), Johannes D. Falk (8), Clemens W. Coudray (9), Charlotte von Stein (10), Christian A. Vulpius (11), Denkmal für die Märzgefallenen (12). Zu den Siglen: A: Gedächtnishalle, B: Haupteingang, C: ältester Eingang, D: Fürstengruft mit Russisch-orthodoxer Kapelle, E: Osttor, F: Süddurchgang

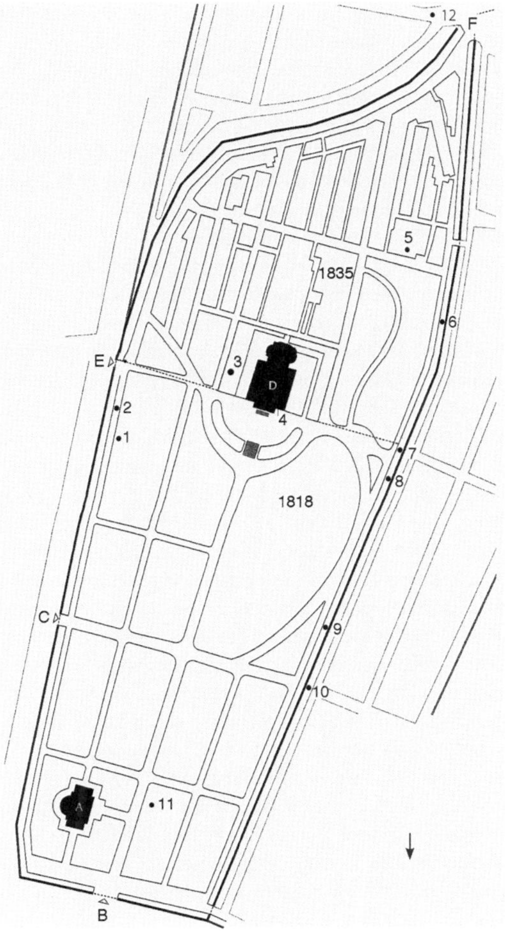
12
F
5
1835
6
E
3
D
2
4
1
7
8
1818
C
9
10
A
11
B

nert eine Bronzetafel mit 30 Namen an Opfer des Ersten Weltkrieges des Eisenbahnvereins.

Auf dem Historischen Friedhof lohnen die Gräber von folgenden Persönlichkeiten einen Besuch (vgl. hierzu den Plan S. 165): Johanna Eckermann (1) – Christian Kotzebue (2) – Johann P. Eckermann (3) – Friedrich von Müller (5) – Johann N. Hummel (6) – Familie von Goethe (7) – Johannes D. Falk (8) – Clemens W. Coudray (9) – Charlotte von Stein (10) – Christian August Vulpius, Goethes Schwager (11).

Die Kunst des klassischen Weimar fand ihren Höhepunkt in der Architektur der **Fürstengruft**, Teil des UNESCO-Weltkulturerbe-Ensembles »Klassisches Weimar«. Mit einfachen, sparsamen Mitteln der antiken und byzantinischen Formensprache hat Clemens Coudray, sicherlich mit Anregungen Goethes, in den Jahren 1823/28 im Auftrag von Großherzog Carl August diesen Glanzpunkt des Klassizismus geschaffen. Auch für diese Neuschöpfung kam dem Brand des Jahres 1774, der das Schloss nahezu vernichtet hatte, besondere Bedeutung zu: Seit 1658/62 waren die Ahnen des Fürstenhauses Sachsen-Weimar-Eisenach in einem Gewölbe der Schlosskirche untergebracht; nach dem Brand mauerte man das Schlossgewölbe zu und bestattete die Verstorbenen wieder in der Herderkirche, wo bereits vor 1662 die Toten der herzoglichen Familie ihre letzte Ruhe gefunden hatten. Carl August mag schon bei seiner Entscheidung für den neuen Friedhof den Gedanken gehabt haben, zwischen dem neu geplanten Familienmausoleum und dem historischen Memorialort im Chor der Kirche St. Peter und Paul eine bewusste Verbindung herzustellen. Denn sinnfälligerweise zeigt die Achse des Hauptweges, der zum höchsten Punkt der Friedhofsanlage führt, dort, wo sich das Fürstengrab harmonisch in die Natur ausbreitet, in ihrer Verlängerung nach Norden eine »geistige« Verbindung zur historischen Grablege im Chor der Stadtkirche.

Die klassizistische Fürstengruft ist ein Zentralbau über quadratischem Grundriss. Das Mausoleum hat keine liturgisch ausgerichtete Ostwestrichtung. Der Eingang im Norden der Memorialhalle ist als vorgeblendeter Portikus mit vier dorischen Säulen, vorgelagerter Freitreppe und einem leeren Giebelfeld ausgebildet. Der Architrav mit seinem Metopen-Triglyphen-Fries über den Säulen läuft als gestalterisches Band um den gesamten Baukörper herum und verbindet so beide Bauteile zu einer Einheit. Unter dem Zeltdach verbergen sich vier Pendentifs nach Art einer byzantinischen Kreuzkuppelkirche, die von einem Tambour mit einem Zeltdach bekrönt werden. Wandflächen und Tambour sind von halbkreisförmigen Fenstern durchbrochen. Die Halle ist durch vier Pfeiler und acht Wandpilaster mit korinthischen Kapitellen in acht Raumteile untergliedert. Während die Pendentifs Cherubinen schmücken, erscheinen auf den Schildwänden Medaillons der herzoglichen Bauherren mit den Initialen CA (Carl August) und LA (Luise von Hessen-Darmstadt) sowie einer Königskrone und dem Wappen von Sachsen.

Links von der Eingangstür führt eine Wendeltreppe zum tiefer liegenden Gruftgeschoss, in dem 42 Sarkophage der Fürstenfamilie und die Särge von Goethe und Schiller (gleich die ersten beiden links) aufgestellt sind. Die ovale Fußboden- bzw. Deckenöffnung, die im Untergeschoss von vier nachträglich eingebauten Säulen gestützt wird, wurde für das Herablassen der Särge eingebaut.

Die ersten 27 Särge wurden im Sommer 1824 aus dem Gewölbe der Schlosskapelle überführt. Am 9. Juli 1828 fand die feierliche Beisetzung des am 14. Juni verstorbenen Großherzogs Carl August statt. Die Überführung von Schillers Gebeinen erfolgte am 16. Dezember 1827. Goethes Wunsch, gemeinsam mit Schiller in einem Grab bestattet zu werden, wurde nicht entsprochen. Seine Beisetzung in dem Mausoleum fand am 26. März 1832 (vier Tage nach seinem Tod) statt. Alle drei Sarkophage, jener von Carl August (aus Metall) und jene von Goethe und Schiller (aus Eichenholz), wurden von Clemens Coudray entworfen.

Bei den Sanierungsarbeiten 1993/94 legte man größten Wert darauf, historisch gesicherte Gestaltungen des Jahres 1865 originalgetreu zu realisieren. Ebenso übernahm man die von Coudray vorgenommene Anordnung der Sarkophage.

Mit dem Tod von Maria Pawlowna am 23. Juni 1859 stand ihr Sohn Carl Alexander vor dem testamentarischen Vermächtnis, dass seine Mutter in den Gemäuern einer russisch-orthodoxen Kirche bestattet werden wollte. Verpflichtend war zusätzlich, dass sie neben ihrem Gemahl Carl Friedrich (gestorben am 8. Juli 1853) ihre letzte Ruhe finden sollte. Für diese beiden Wünsche fand Carl H. F. Streichhan eine geniale Lösung. Erste Entwürfe legte er noch im gleichen Jahr vor. Diese sahen die Verschmelzung der klassizistischen Fürstengruft mit einer neuen **Russisch-orthodoxen Kapelle** vor. Das äußere Erscheinungsbild der beiden Architekturen vermittelt den Eindruck, dass hier zwei Fremdkörper nebeneinanderstehen. Doch dann offenbart sich die verborgene Logik einer sinnfälligen inneren Einheit: Gegründet wurde die Kapelle Wand an Wand direkt an der Südseite der Fürstengruft. Diese Stellung schaffte bauseits die Lösung, dass die Südwand des Gruftgeschosses des fürstlichen Mausoleums aufgebrochen werden konnte, so dass genau hier, an dem Übergang zur Gruft der russischen Kapelle, die beiden Sarkophage von Maria Pawlowna und Carl Friedrich (Nr. 4) nebeneinander aufgestellt werden konnten. Seit 2009 verhindert eine eingebaute Klimaanlage unter der Russisch-orthodoxen Kirche das Zusammenfließen beider Räume. Wohl stehen die beiden Sarkophage heute in einer Nische unter dem Mauerwerk beider Gebäude nebeneinander, doch diese Nische gehört zum Gruftgeschoss der Fürstengruft, eine Wand versperrt den ursprünglichen Übergang zur benachbarten Gruft. Der Wunsch von Maria Pawlowna, unter einer russisch-orthodoxen Kirche bestattet zu sein, ist dadurch nicht mehr erfüllt.

Eine Hinwendung zum Spätklassizismus zeigt sich an der Russisch-orthodoxen Kapelle in der Fassadengestaltung: Alle Wandteile sind flächenhaft betont und zeigen eine auffällige horizontale Gliederung durch polychrom imitierte Ziegelschichten. Im Innenraum ist die Architektur der Ikonostase (Bilderwand im Osten) ganz im Stil des Klassizismus ausgebildet. An den Pendentifs ist das urchristliche Thema der vier Evangelisten (Markus, Matthäus, Lukas und Johannes) zu sehen, die hier symbolisch als die vier Säulen des Christentums dargestellt sind. Ansonsten folgen die Ausstattungen der Liturgie des russisch-orthodoxen Ritus. Die Kapelle gehört heute zur Berliner Diözese der Russisch-Orthodoxen Kirche des Moskauer Patriarchats.

Haus Hohe Pappeln (Belvedere Allee 58 / Papiergraben; II): ◆ Nach seiner Ankunft 1902 in Weimar wohnte Henry van de Velde zuerst mit seiner Familie in drei verschiedenen Mietwohnungen. 1906 kaufte er sich außerhalb der Altstadt und weitab der Intrigen des Hofes, auf dem Weg zum Schloss Belvedere, am Papiergraben in dem Vorort Ehringsdorf, ein Grundstück für den Bau eines eigenen Hauses für seine siebenköpfige Familie. 1907/08 realisierte er dann sein »Traumhaus« inmitten der Natur. Damals war das Gelände mit hohen Pappeln bestanden, so dass sein jüngster Sohn Thyl die neue Heimstatt »Haus unter den hohen Pappeln« nannte. Eine gehobene Wohnqualität zu schaffen, das war das Credo van de Veldes. Die Raumanordnung folgt dem Lauf der Sonne, die Innenräume bestimmen die Außenarchitektur. Das Ganze kann als große Skulptur verstanden werden; demnach gibt es auch keine Hauptfassade. Die Schlafzimmer liegen im Osten, das

Atelier im Norden – die repräsentative Wohndiele und der Arbeitsbereich nehmen das gesamte Erdgeschoss ein; die Kinderzimmer sind im Süden des Obergeschosses. Die Fassaden zeigen bewusst konstruktive Details, ohne Schnörkel und Ornamente. Die Fenster haben unterschiedliche Größen und Formen, das Obergeschoss verschwindet unter einem tief herabgezogenen Mansarddach, so dass seine Nordseite an einen Schiffsrumpf erinnert, der auf den Kopf gestellt ist.

1917 musste van de Velde Deutschland verlassen, er starb 1957 in Zürich. 1992–97 und 2004 wurde das Haus umfangreich saniert. Heute ist es als Museum zugänglich und zeigt im Erdgeschoss die Wohnkultur des Begründers der Bauhaus-Tradition mit Merkmalen des abstrakten Jugendstils.

In Ehringsdorf an der Ilm entdeckte man in der Zeit zwischen 1908 und 1925 in einem Travertinsteinbruch zudem Menschenknochen einer Spezies des frühen Neandertalers (Altsteinzeit): **»Ehringsdorfer Mensch«**. Bei diesem Fundort handelte es sich um Rastplätze von Großwildjägern (sie jagten Waldelefanten, Elche, Waldnashörner, Wildpferde, Löwen usw.) am Ufer der Ilm; auch Steinwerkzeuge wurden gefunden. Goethe hatte in dieser Gegend nach Fossilien für seine Studien gesucht.

Bienenmuseum in Oberweimar (Oberweimar, Ilmstraße 3; II): Am Ilmufer in Oberweimar, nahe der 1720 errichteten Steinbrücke, liegt ein bäuerliches Landgut, das im Ursprung 1677 errichtet wurde. Die heutigen Gebäude entstanden in der 2. Hälfte des 18. Jh.s und im frühen 19. Jh. Besondere Bedeutung erlangte das Anwesen, nachdem 1957 die Sammlungen des 1907 gegründeten »Deutschen Bienenmuseums« hier ausgestellt wurden. Von der Straßenseite gelangt man in einen romantischen Innenhof, von dem ein Durchgang direkt zum Ilmufer führt. Nördlich schließt sich der Goethe-Park an.

St. Peter-und-Paul-Kirche in Oberweimar (Klosterweg – nur für Gottesdienste und Konzerte geöffnet; II): Die evangelisch-lutherische Kirche gehört zu den ältesten Gebäuden in Weimar. Der Sakralbau ist als frühgotische Kirche Ende des 13. Jh.s als Klosterkirche des damals hier ansässigen Zisterzienserordens errichtet worden (die Gründung des Nonnenklosters geht auf die Zeit vor 1244 zurück). Heute ist die Kirche das dominierende Wahrzeichen des Ortes. Nach mehrmaligen Umbauten und Renovierungen wurde sie 1733 nach Plänen von Johann Adolf Richter, der zugleich maßgeblich an dem Bau der barocken Schlossanlage Belvedere beteiligt war, barockisiert. Innen erstreckt sich unter einem hölzernen Tonnengewölbe eine Saalkirche mit Kanzelaltar als Zentrum und einer umlaufenden Doppelempore. Der Innenraum ist durchgehend in weißen Farbtönen gehalten.

Das **Triptychon** des Cranachschülers Veit Thiem aus dem Jahr 1572 an der rechten Chorwand weist im noch spätgotischen Stil und mit Vorliebe für das Atmosphärische auf die Lehre Luthers hin, wie Cranachs Altarbild in der Stadtkirche. Das Mittelfeld zeigt die *Kreuzigung Christi*, links ist das *Abendmahl* zu sehen, rechts die *Taufe im Jordan*. Auf dem linken Rückseitenflügel ist das *Jüngste Gericht* dargestellt, auf dem rechten der *Tanz um das goldene Kalb*. Auf der Rückseite der Mitteltafel ist aus der Zeit um 1430 *Maria* zwischen Stiftern und Heiligen dargestellt. Ein zweites Werk von Veit Thiem zeigt eine **Epitaphmalerei**. Zu sehen ist eine gotische Kirche mit verschiedenen Szenen des christlichen Lebens: Abendmahl mit dem Lichtstrahl Gottes, Beichte, Predigt und Taufe. Außerhalb der Kirche sieht man eine »Stadt« in einer Gebirgslandschaft. Im Vordergrund hält Christus die Hand des örtlichen Priesters (?), auf den ein Lichtstrahl Gottes gerichtet ist, rechts erscheint Moses mit der Gesetzestafel. Über der Gesamtkomposition schwebend, erscheinen Gott Vater, der Heilige Geist und himmlische Heerscharen.

Das gotische Gewändeportal an der Südseite hat seine eindrucksvolle **Tympanondarstellung** aus der 2. Hälfte des 14. Jh.s bewahrt: Links und rechts des Portals flankieren, auf Konsolen stehend, die erst 1901 hier aufgestellten Apostelstatuen Petrus (mit Himmelsschlüssel und Schriftrolle) und Paulus (mit Schwert und Bibel), die Namenspatrone der Kirche, das Tympanon. Die Darstellung im Tympanon selbst zeigt das *Jüngste Gericht* mit dem sitzenden Christus als zentralem Mittelpunkt. Die erhobenen Arme mit den offenen Händen verweisen auf die Wundmale und die Erlösung. Links und rechts des Heiligenscheins stecken nach der Offenbarung des Johannes die »Schwerter des Zorns«: »Und er hatte sieben Sterne in seiner rechten Hand, und aus seinem Munde ging ein scharfes, zweischneidiges Schwert, und sein Angesicht leuchtete, wie die Sonne scheint in ihrer Macht« (Offb. 1,16). Weiter oben rufen Posaune blasende Engel zum Jüngsten Gericht, sie halten die Martyriumswerkzeuge in ihren Händen. Ähnlich einer Deesis-Darstellung knien links Maria und rechts Johannes der Täufer und bitten betend Christus um Fürbitte für die Sünder. Neben Maria kniet eine zweite Person, die möglicherweise der Mönch Benedikt von Nursia ist, der Begründer des christlichen Mönchtums. Zu Füßen des Weltenrichters wird das Jüngste Gericht vollzogen. In der Mitte rechts treibt Erzengel Michael mit einem Schwert die an einem Band aneinandergebundenen Sünder in das Reich des Teufels. Links erscheinen die Gottesgläubigen auf dem Weg ins Paradies.

◆ **Schloss und Parkanlage Belvedere** (II): Das Schloss, Teil des UNESCO-Weltkulturerbe-Ensembles »Klassisches Weimar«, ließ Herzog Ernst August I. als Jagdschloss 1724–32 errichten. Aus finanziellen Gründen konnte die aufwendige Barockanlage jedoch nur teilweise vollendet werden. Der despotische Herrscherstil, die absolutistische Hofhaltung und die umfassende Bautätigkeit von Ernst August I. (er ließ 20 Park-

Das Schloss Belvedere wurde 1724–32 von Johann A. Richter und Gottfried H. Krohne als barockes Jagdschloss für Ernst August I. erbaut

und Jagdschlösser bauen) brachten das Land in große wirtschaftliche Not. Heute zählt das Schloss Belvedere zu den bedeutendsten barocken Schlossanlagen Thüringens. Die dazugehörige Parkanlage wurde in klassischer und nachklassischer Zeit von Anna Amalia, die das Schloss 1756–75 gerne als Sommerresidenz nutzte, mit wesentlichen Anregungen von Goethe zu einem eindrucksvollen englischen Landschaftsgarten umgestaltet. Ab 1806 erfüllten Maria Pawlowna und Carl Friedrich das Schloss mit neuem höfischem Leben und bestimmten es zu ihrer Sommerresidenz.

Die zweigeschossige Schlossanlage erhebt sich am Ende der Belvedere-Allee als visueller Blickpunkt hoch oben auf einem sanften Hügelrücken, der im Osten zum Ilmtal abfällt. Die Allee führt parallel zum Park an der Ilm über drei Kilometer zur Altstadt Weimars. Die prunkvolle, repräsentative Anlage ist auf Wunsch von Ernst August I. nach dem Vorbild des Belvedere-Schlosses in Wien errichtet worden. Dazu sandte er seinen Architekten Gottfried H. Krohne 1730 in die österreichische Metropole, damit er das dortige Schloss für die geplante Erweiterung eingehend studieren konnte.

Das **Schlossgebäude** besteht aus fünf unterschiedlichen Baukörpern. Der kubische Kernbau wurde bereits 1724 von Johann Adolf Richter begonnen und später von Krohne vollendet. Über dem zentralen Haupttrakt, dem »Corps de Logis« mit seinem quadratischen Grundriss, erhebt sich ein Mansarddach mit Gauben. Darüber breitet sich ein im Grundriss oktogonaler Altan aus, über dem sich eine hohe Laterne mit bekrönender Kuppel und geschweifter Haube erhebt. Von der Terrasse des Altans hat man einen wunderschönen Blick über die Wälder, die weitläufige Schlossanlage mit der Orangerie, die Kavaliershäuser und die Ställe. Links und rechts des Mittelbaus leiten die an der Süd- und Nordseite zurückgezogenen Fassaden der Verbindungsbauten mit den Kutschendurchfahrten über zu den Eckpavillons mit elliptischem Grundriss. Die Fassadengestaltung verleiht der Barockanlage eine geschlossene Einheit: Pilaster aus Stuckmarmor mit korinthischen Kapitellen, Fenster- und Türöffnungen mit Segmentbögen im Obergeschoss und Rundbögen im Erdgeschoss sind die gestaltenden Elemente des Mittelrisalits. Hinzu kommen Kartuschen mit Wappen und den Initialen EA (Ernst August) und EW (Eleonora Wilhelmina) sowie Brüstungsgitter mit teilweise vergoldeten Elementen, Symbol der fürstlichen Macht. Gleich große Rechteckfenster und eine weiße, profilierte Traufe ziehen sich als einendes Band um den gesamten Baukörper.

Hauptattraktion des Schlosses ist der **»Corps de Logis«** mit seinen um 1730 kunstvoll gestalteten Innenräumen der höfischen Kunst und des Rokoko, wobei der Festsaal im Obergeschoss ein ganz besonderer Glanzpunkt ist. Die Sammlungen umfassen Objekte verschiedener Porzellanmanufakturen des

18. Jh.s in Thüringen, Meißen, Berlin, aber auch Ostasien, so dass man auch vom **Porzellanmuseum Belvedere** spricht.

Zu der barocken Schlossanlage gehören weiter zwei Kavaliershäuser, zwei Uhrenhäuser, Stallungen sowie das Prinzen- und Marschallhaus, die alle eine ähnliche Fassadengestaltung und Farbigkeit haben wie das Schloss. Internationale Bedeutung hat das zum Schlossbereich gehörende »Musikgymnasium Schloss Belvedere Weimar«. Nach dem Motto »Altes erhalten – Neues gestalten« sind Verwaltung und Wohnräume der Schüler in den Räumen des Dreiseithofes untergebracht. Für den Lehrbetrieb schuf Thomas van den Valentyn ein lichtdurchflutetes »Haus im Park« mit einem Konzertsaal als Hommage an die Bauhaus-Tradition von van de Velde und in Anlehnung an die Architekturideen von Le Corbusier.

Herausragende Bedeutung hat die **Parkanlage** von Belvedere, die einerseits nach Art eines englischen Landschaftsgartens angelegt ist, andererseits aber auch Vorbilder von der Parkanlage in Versailles aufgreift. Der Park dehnt sich über die weiten hügeligen Ausläufer des Ilmufers aus. Den Mittelpunkt bildete das Schloss, von dem sternförmig die Wege mit den konzentrisch angelegten Menagerien und Fasanerien angelegt sind. Ein besonderes Anliegen war es Herzog Ernst August, den Park mit seltenen Tieren und exotischen Pflanzen auszustatten. Erste Ankäufe wurden bereits 1725 getätigt. Aus Italien kaufte er neben Orangenkulturen auch Zypressen, Feigenbäume und viele seltene Pflanzen. Um all diese Pflanzen gut überwintern zu können, ließ er 1739–55 eine weiträumige Orangerie mit hufeisenförmigem Grundriss errichten.

Nach dem Tod von Ernst August 1748 vergingen zehn Jahre, bis Anna Amalia ab 1758 das Schloss als Sommerresidenz nutzte. Gemeinsam mit ihrem Sohn Carl August und Goethe förderte sie nachhaltig die Pflege der Parkanlage. Nun wurden in der Gartenanlage auch zahlreiche »Oasen« in Gestalt von Parkbauten und kleinen Schmuckplätzen geschaffen. Um 1820 gab es etwa 7900 botanische Pflanzen und Bäume in der Parkanlage, die Carl August und Goethe ausgiebig für naturwissenschaftliche und botanische Studien nutzten.

1806 überließ Carl August seinem Sohn Carl Friedrich und seiner Schwiegertochter Maria Pawlowna die gesamte Schlossanlage als Sommerresidenz, verbunden mit der Genehmigung, die Anlage nach ihren Wünschen umzugestalten. Besonders Maria Pawlowna widmete sich in den folgenden Jahren dem zu dieser Zeit sehr verwilderten Garten und schuf einen vorbildlichen romantischen Landschaftspark mit klassischen Elementen. Wenige Jahre später ließ 1811 Carl Friedrich für seine Gemahlin in Erinnerung an ihre Heimat einen **Russischen Garten** anlegen. Die Zarentochter Maria Pawlowna hatte ihre Kindheit in der Sommerresidenz der klassizistischen Schloss- und Gartenanlage von Pawlowsk verbracht, südlich von St. Petersburg. Ihre Sehnsucht nach ihrer Heimat mag für Ernst August der Impuls für diesen Garten gewesen sein. Ein Originalplan ist nicht erhalten. Der Plan aus dem Jahr 1850 zeigt aber die starke Ähnlichkeit mit der kleinteiligen Anlage der Zarenresidenz von Pawlowsk.

Auf Goethes Anregung ließ Carl August 1818/19 den Chinesischen Pavillon im Garten des Wittumspalais abbauen und 1820 nach Belvedere versetzen: Er wurde an der östlichen Giebelwand des Langen Hauses originalgetreu wieder aufgebaut – und fortan **Roter Turm** genannt. Bei der Rettung des Chinesischen Pavillons war es Ernst August besonders wichtig, auch die Wandmalereien von Adam Friedrich Oeser zu erhalten, die er ebenfalls hatte abtragen lassen und an den Innenwänden des Roten Turms neu anbringen ließ. Sie haben Themen aus dem chinesischen Volksleben zum Inhalt, weshalb man den Pavillon im Garten des Wittumspalais auch danach benannt hatte. Sie zeigen raumhohe Ideallandschaften mit Personengruppen im Vordergrund, die auf eine ferne Stadt blicken. Oeser drückte mit diesen Bildern die Sehnsucht nach einem romantischen Naturerlebnis aus. Ursprünglich wollte Goethe den Roten Turm für naturwissenschaftliche Studien nutzen, dann zog er es aber vor, ihn für seine literarischen Arbeiten zu nutzen. So vollendete Goethe u. a. hier seinen *Torquato Tasso*, der am 16. Februar 1807 im Hoftheater von Weimar uraufgeführt wurde.

Der Osten bis Schloss Tiefurt

Jüdischer Friedhof (Leibnizallee / Ecke Musäusstraße; I D2): Monumente der Erinnerungskultur jüdischer Mitbürger in Weimar, die es seit dem Mittelalter hier gab, wenn auch wenige, sind nicht besonders zahlreich. Die restriktive Zuwanderungspolitik des Herzogtums Sachsen-Weimar-Eisenach verhinderte einen vermehrten Zuzug von Juden. Der Kaufmann Jakob Elkan, von Goethe in seinem Gedicht *Auf Miedings Tod* als »der tät'ge Jude« erwähnt, wurde 1770 mit dem Titel »Hofjud« anerkannt und aufgenommen. Sein Sohn Julius Elkan wurde 1833 sächsisch-weimarischer Hofbankier und war der erfolgreichste Bankier seiner Zeit in Weimar. Zu seinen Kunden zählten auch Goethe und Schiller. Goethe gewann erst im Alter eine liberale und positive Meinung über die Juden. 1808 war er noch dagegen gewesen, dass die Frankfurter Juden das Bürgerrecht bekommen, noch 1828 lehnte er jüdisch-christliche Mischehen ab. Ein Mitte Mai 1812 geführtes Gespräch mit dem jüdischen Bankier Simon von Laemel aus Prag deutet aber immerhin eine deutliche Wandlung an: »Was sich allerdings in meiner früheren Jugend als Abscheu gegen die Juden in mir regte, war meine Scheu vor dem Rätselhaften, vor dem Unschönen. Meine Verachtung, die sich wohl zu regen pflegte, war mehr der Reflex der mich umgebenden christlichen Männer und Frauen. Erst später, als ich viele geistbegabte, feinfühlige Männer dieses Stammes kennen lernte, gesellte sich Achtung zu der Bewunderung, die ich für das bibelschöpferische Volk hege, und für den Dichter, der das hohe Liebeslied gesungen hat.« (*Goethes Gespräche*, 1889–96, Bd. 8)

Jakob Elkan trug der Großherzogin Anna Amalia die Bitte vor, in Weimar einen jüdischen Friedhof einrichten zu dürfen. Diese gewährte ihm das Recht, einen solchen auf dem Grundstück der Leibnizallee zu etablieren. 1775 wurde hier als Erste Elkans dreijährige Tochter Esther bestattet. 1808 kaufte Gabriel Uhlmann das Nachbargrundstück, damit der Friedhof vergrößert werden konnte. Etwa ein Jahrhundert lang wurde er von den Weimarer Bürgern jüdischen Glaubens gepflegt und genutzt. Danach verwilderte er und geriet in Vergessenheit, obwohl sich Ende des 19. Jh.s weitere Juden in Weimar ansiedelten. Erst durch das intensive Studium historischer Quellen gelang es der Lehrerin Eva Schmidt im Jahr 1980, das Areal des Jüdischen Friedhofs ausfindig zu machen. Auf ihre Initiative und auf Anordnung der Stadt Weimar wurden daraufhin die historischen Grabsteine wieder aufgestellt und 1983 wurde ein Gedenkstein für die Opfer des Faschismus errichtet.

◆ **Schloss und Parkanlage Tiefurt** (II): Das Tiefurter Schloss, Teil des UNESCO-Weltkulturerbe-Ensembles »Klassisches Weimar«, ist kein Schloss. Die liebevolle, nahezu authentische Einrichtung der Innenräume dieses Hauses von vergleichsweise bescheidener Größe, verbunden mit dem Bewusstsein, dass Anna Amalia es mehrere Jahre als Sommerresidenz nutzte und Goethe sich hier gern aufhielt und ein eigenes Arbeitszimmer in dem »Schloss« hatte, machen diesen Bau aber zu etwas Besonderem.

Ursprünglich war das Anwesen aus der Zeit um 1765 nur das Pächterhaus eines herzoglichen Kammerguts. 1772 erfolgten umfangreiche Baumaßnahmen: Von dem Ursprungsbau wurden nur die Fundamente und einige Erdgeschossmauern in den schlichten barocken Neubau integriert. Nachdem das herzogliche Schloss in Weimar 1774 fast bis auf die Grundmauern abgebrannt war, suchte Anna Amalia ein neues Zuhause für ihre nun erwachsenen Söhne: Der Pächter räumte das Haus 1776, woraufhin sich Anna Amalias lediger Sohn Prinz Friedrich Ferdinand Constantin mit seinen Bediensteten darin einrichtete. Prinz Constantins Liebe zu der verwaisten bürgerlichen Caroline von Ilten wurde von Goethe im Auftrag des Hofes unterbunden, der eine Ehe mit Caroline als nicht standesgemäß ablehnte. Enttäuscht unternahm der Prinz ab 1781 eine Bildungsreise nach England, Frankreich und Italien. 1793 kämpfte er als Generalmajor im Dienste preußischer Truppen im Koalitionskrieg gegen Napoleons Armee und starb am 6. September 1793 an den Folgen der Ruhr.

Schon 1778 wurde im Tiefurter »Schloss« für Goethe ein eigenes Arbeitszimmer eingerichtet. Zusätzlich erweiterte man das Anwesen im gleichen Jahr um einen pittoresken Altan im Obergeschoss, von dem man einen wunderbaren Blick in den Tiefurter Park hat. Anna Amalia, die bis dahin das Jagdschloss Ettersburg als Sommerresidenz genutzt hatte, erhielt 1781 von ihrem Sohn Constantin die Einwilligung, dass sie während seiner Auslandsreise in Tiefurt wohnen durfte, musste aber versprechen, keine baulichen Änderungen an dem Anwesen vorzunehmen. Dieses Versprechen hielt sie letztlich nicht. Nachdem sie voller Ideen und Anregungen von ihrer eigenen Italienreise (September 1788 – Mai 1790) zurückgekehrt war, nutzte sie Tiefurt wieder als Oase der Ruhe und für gesellschaftliche Anlässe mit Freunden. Sie ließ ihre Hauptwohnräume ganz im klassizistischen Stil mit zarten Grün- und Gelbtönen ausgestalten und machte das Anwesen zu ihrer Sommerresidenz. Tiefurt entwickelte sich neben dem Wittumspalais zum Zentrum des geistigen Lebens und geselliger Anlässe der Weimarer Hofgesellschaft. Hier trafen sich Literaten, Künstler und Musiker zu Gesprächen und gemeinsamen Veranstaltungen. In den Sommermonaten traf sich die berühmte Tafelrunde jeden Montag in Tiefurt, im Winter im Wittumspalais. Die Gästeliste reichte von Goethe bis Schiller, von Bertuch und Wieland bis Herder und vielen anderen. Bei diesen Tafelrunden-Veranstaltungen las Goethe den Gästen u. a. erstmals Szenen aus seinem *Torquato Tasso* vor.

Hier in Tiefurt wurde auch das *Tiefurter Journal* ediert und herausgegeben. Das Journal war eine auf maximal elf Exemplare pro Ausgabe limitierte »Handschriftliche Sammlung« im Sinne einer Zeitung mit literarischen Beiträgen von Dichtern wie Goethe, Herder, Wieland und vielen anderen. Insgesamt gab es zwischen 1781 und 1784 nur 49 Ausgaben, von denen die Nummern 17 und 41 nicht erhalten sind.

Nach der verlorenen Schlacht der Preußischen Armee bei Jena am 14. Oktober 1806 gegen die französischen Truppen Napoleons folgten schwere Zeiten für Thüringen. Noch am gleichen Tag kamen Tausende französische Soldaten plündernd nach Weimar und Tiefurt. Das herzogliche Anwesen in Tiefurt wurde ausgeraubt und verwüstet. Dem Schuhmachermeister Johann Heinrich Petri ist es zu verdanken, dass Napoleon das Plündern schließlich unter Todesstrafe stellte: Petri war am 16. Oktober zu Napoleon gegangen und hatte für die Bürger Weimars um Gnade gebeten.

Nur wenige Monate später, am 4. April 1807, starb Anna Amalia. Nach ihrem Tod blieb Tiefurt meist unbewohnt, der Park verödete. Erst ihr Enkelsohn Erb-Großherzog Carl Friedrich und seine Gemahlin Maria Pawlowna ließen das »Schloss« und den Landschaftsgarten als Erinnerungsort für Anna Amalia wieder in neuer Pracht erstehen. Umfassende Sanierungen wurden 1979/81 und 2004/06 vorgenommen, wobei man eine

Annäherung an das Erscheinungsbild der Zeit Anna Amalias und Prinz Constantins anstrebte. Das Mobiliar und andere Ausstellungsstücke, wie Porzellan und Bilder in den verschiedenen Räumen, entsprechen dem Zeitspiegel der Weimarer Klassik; nur wenige Exponate waren allerdings einst tatsächlich Bestandteil der Tiefurt-Ausstattung.

Da das herzogliche Kammergut über keinen eigenen Garten verfügte, begann man bereits 1775 mit einer ersten Gestaltung der umliegenden Wiesen und Waldflächen zu einer Parklandschaft, die durchgehend bis 1807 weiter gepflegt wurde. Treibende Kraft war Anna Amalia, unterstützt durch Karl Ludwig von Knebel, den Erzieher und Lehrer der beiden Prinzensöhne Constantin und Carl August, und Adam Friedrich Oeser. Im Zuge der baulichen Veränderungen am Tiefurter »Schloss« und des pulsierenden gesellschaftlichen Lebens in Tiefurt entschloss sich Anna Amalia (gegen das ausdrückliche Versprechen ihrem Sohn Constantin gegenüber, während seiner Auslandsreise nichts zu verändern) nun doch, die sich zur Ilm ausbreitende sanfte Ebene 1782–88 nach dem Vorbild des 1769–73 geschaffenen englischen Landschaftsparks in Wörlitz zu gestalten. Angeregt durch diesen Park, den Anna Amalia im August 1782 besucht hatte, verwirklichte sie den Tiefurter Landschaftspark ebenfalls mit Parkarchitekturen, Lustgebäuden, Höhlen und Gedenkstätten, ähnlich wie im Park an der Ilm. Die gegenüber dem Goethe-Park in Weimar völlig andere topografische Flusssituation, mit den sanft zur Ilm abfallenden Wiesen und den Steilhängen an der rechten Uferseite mit dem Lohholz, ermöglichte andere Varianten:

Hoch über dem gesamten Parkareal, auf der gegenüberliegenden Ilmseite, errichtete man im Lohholz schon 1776 zu Ehren des römischen Dichters Vergil eine Grotte, die auch **»Vergilgrab«** genannt wird. Von hier hat man einen spektakulären Panoramablick über den ganzen Landschaftspark. Vergil war der Verfasser der *Aeneis*, die den Gründungsmythos der Stadt Rom erzählt. In seiner *Georgica* (›Vom Landbau‹, 37–29 v. Chr.) beschrieb er meisterhaft die Natur und das Landleben. Goethe selbst hat Vergil mehrfach in seinen Werken sprechen lassen, u. a. als Herme im *Torquato Tasso*.

Unten am rechten Ilmufer ließ Anna Amalia 1795 für ihren verstorbenen Sohn Constantin ein **Kenotaph** (›leeres Grab‹) aufstellen. Als Symbol der Wiedergeburt ist unter dem bekrönenden Bogen ein Schmetterling dargestellt.

Das Wahrzeichen des Landschaftsparks ist der 1803 von Heinrich Meyer geschaffene **Musentempel**. Geradezu majestätisch erhebt er sich aus den Blumenbeeten am Ilmufer empor. Er ist aus allen Richtungen sichtbar, aber den besten Blick auf das kleine Juwel hat man vom mittleren Höhenweg im Lohholz auf der rechten Ilmseite. Das Tempelchen ist eine Art Monopteros mit einem achteckigen Grundriss und sechs ionischen Säulen, die aus dem 1774 ausgebrannten herzoglichen Schloss in Weimar stammen. Inmitten des Tempels steht die Muse *Kalliope* sinnend auf einem Sockel. Die Skulptur ist eine Kopie (1992) eines älteren Werkes von Martin Gottlieb Klauer, der 1773 von Anna Amalia zum Hofbildhauer berufen wurde.

Nur etwa 100 Meter östlich vom Tiefurter »Schloss« (rechts) erhebt sich am Parkrand der ehemalige **Teesalon**. Diese Gartenarchitektur war das letzte Gebäude, das Anna Amalia 1805 im Park errichten ließ. Ursprünglich war es luxuriös mit vergoldetem Stuckmarmor, einem offenen Kamin, Spiegeln, Wandleuchten und einer kleinen Küche im Anbau ausgestattet.

Aufgrund der beengten Raumsituation in dem kleinen »Schlösschen« verlegte Anna Amalia vielfach Theater- und Musikveranstaltungen, Schäfer- und Schattenspiele zur **Naturbühne** im Park. So kam hier am Ilmufer, gegenüber dem Musentempel, u. a. das Singspiel *Die Fischerin* von Goethe zur Uraufführung (am 22. Juli 1782). Anlässlich dieser Aufführung wurde auch Goethes magisch-dämonische Ballade vom *Erlkönig* als Liedinterpretation von der Sängerin Corona Schröter dargeboten. Schröter war in der Epoche der Weimarer Klassik eine begnadete und gefeierte Sängerin in meist tragischen Rollen. Goethe legte für seine *Erlkönig*-Fassung eine Übersetzung der dänischen Volksballade *Erlkönigs Tochter* von Herder (1779) zugrunde.

Das privat organisierte »Tiefurter Sommertheater« setzt noch heute *Die Fischerin* auf der Naturbühne am historischen Ort eindrucksvoll in Szene, in nächtlicher Atmosphäre – das Ufer wird mit Fackeln beleuchtet.

Ausflugsziele in der Umgebung

Schloss und Parkanlage Ettersburg

Anna Amalia nutzte die Ettersburg, heute eines der größten Jagdschlösser in Thüringen, 1776–80 als Sommerresidenz. Zu dieser Zeit blühte hier das geistige Leben, Goethe und Schiller waren nicht nur Gäste, sie lebten und arbeiteten auf dem Schloss sogar zeitweise. Hier dichtete Goethe am 12. Februar 1772 die Verse von *Wandrers Nachtlied I.* Am 26. September 1827 sagte Goethe zu Eckermann: »Wir haben überhaupt in frühester Zeit hier manchen guten Tag gehabt und guten Tag vertan. Wir waren alle jung, voll Übermut, und es fehlte uns im Sommer nicht an allerlei improvisierten Komödienspiel und im Winter nicht an allerlei Tanz und Schlittenfahrt.«

Schon im 11. Jh. errichteten die Grafen von Querfurt (bei Halle a. d. Saale) auf dem Ettersberg eine Burg. Urahn dieses Adelsgeschlechts war der hl. Bruno von Querfurt, der am 14. Februar 1009 als Missionar in Lötzen (Giycko/Masuren) den Märtyrertod fand. Heute sind von der Chorherrenkirche nur noch spärliche Reste in der neugotischen Dorfkirche von 1863/65 östlich des Schlosses erhalten.

Seine Jagdleidenschaft zog Herzog Wilhelm Ernst I. immer wieder von seinem Schloss in Weimar in die Wälder von Ettersberg. Bereits um 1700 ließ er einen Jagdstern aus zehn Schneisen in den Wald schlagen. 1706–12 errichtete er nach Plänen von Johann Mützel ein dreiflügeliges **Jagdschloss (Altes Schloss)** unter Einbeziehung der alten verfallenen Klostergemäuer und der Dorfkirche. Die Mittelachse der Schlossanlage ist durch den offenen Schlosshof nach Süden ausgerichtet. Von hier aus reichte der Blick in die weite Hügellandschaft des Ettersberges, das bevorzugte Jagdgebiet der damaligen

Hofgesellschaft. Wahrscheinlich geht auch die Errichtung des viergeschossigen **Neuen Schlosses (Corps de logis)**, das die Sichtachse vom Jagdschloss in die Landschaft verstellt, 1722 auf Pläne von Mützel zurück. Nach dem Tod von Wilhelm Ernst I. beauftragte sein Neffe Herzog Ernst August in den Jahren 1728–40 die beiden Architekten Gottfried Heinrich Krohne und Johann A. Richter mit der grundlegenden Neuplanung des Corps de logis. Gestalterischer Glanzpunkt der Innenräume ist der **Weiße Saal** im zweiten Obergeschoss. Er ist durchgehend mit weißer Farbe und Stuck mit Motiven der Illusionsarchitektur gestaltet, was dem Raum eine größere Dimension verleiht. An der Südseite des Neuen Schlosses wurde eine alte Treppe durch eine neue Freitreppe ersetzt – die repräsentative Treppenterrasse war ein Geschenk des niederländischen Königshauses für Sophie von Oranien-Nassau, Prinzessin der Niederlande, zu ihrer Hochzeit mit ihrem Cousin Erbherzog Carl Alexander am 8. Oktober 1842. Da auch Ernst August die Anlage vornehmlich als Jagdschloss nutzte, verzichtete er auf eine aufwendige Gartengestaltung nach der Art der Landschaftsgärten von Belvedere und Tiefurt. Carl Alexander hingegen ließ die zwischenzeitlich verödeten Waldbestände dann zu einem Landschaftspark umgestalten. Hierzu beauftragte er Eduard Petzold. Der wiederum bat seinen Lehrer Fürst Hermann Pückler-Muskau, an der Gartengestaltung von Ettersburg mitzuwirken. Pückler ließ den Wald vor dem Schloss Ettersburg auf einer Länge von etwa 800 Metern und einer Breite von 50 Metern über einen Höhenunterschied von etwa 80 Metern bis hinauf zum gegenüberliegenden Hügelkamm, dem sog. Jagdstern, ausholzen. Dieser nach dem Landschaftsgestalter benannte **»Pückler-Schlag«** verleiht der Gartenanlage noch heute besondere Großartigkeit.

Ettersburg erlebte in den Sommermonaten seine Blütezeit: Musik- und Theaterveranstaltungen, Tanzvergnügen und literarische Zirkel erfüllten das Schloss und den Naturraum mit Leben. Hier erlebten Goethes Jugendwerke *Jahrmarktsfest zu Plundersweilern* (20. Oktober 1778) und *Die Laune des Verliebten* (20. Mai 1779) im Freien ihre Uraufführung. Zusätzlich wurden hier Goethes Prosa-Fassung der *Iphigenie* (12. Juli 1779) und *Die Vögel* nach Aristophanes (18. August 1780) aufgeführt. Schiller zog sich in die heilsame Geborgenheit der Natur von Ettersburg zurück, um vom 15. Mai bis zum 2. Juni 1800 seine Abschlussarbeiten an *Maria Stuart* zu vollenden (Uraufführung am 14. Juni 1800 im Weimarer Hoftheater).

Im Jagdschloss fand vom 27. September bis zum 14. Oktober 1808 die »Erfurter Fürstenkonferenz« statt, ein Treffen zwischen Napoleon I. und Zar Alexander I., zu dem Napoleon eingeladen hatte. Zum Abschluss ratifizierten Kaiser und Zar einen Bündnisvertrag. Inhalt war, dass Alexander I. Schweden zum Bündnispartner des Kontinentalsystems mit Napoleon gewinnen sollte, was schließlich aber zum Russisch-Schwedischen Krieg (1808/09) führte. Der feierlich unterzeichnete Vertrag blieb eine Formalie. Das fast dreiwöchige Treffen wurde von Napoleon als großes gesellschaftliches Ereignis veranstaltet. Am 2. Oktober besuchte er Weimar, überreichte Goethe den »Orden der Ehrenlegion« und führte mit Wieland Gespräche über Politik und Aufklärung. Großherzog Carl August veranstaltete für die Fürsten am 6. Oktober auf dem Ettersberg eine große Hirschjagd. Gäste der fürstlichen Jagdgesellschaft waren neben Napoleon und Zar Alexander I. u. a. König Friedrich I. von Sachsen und König Maximilian I. Joseph von Bayern.

Nach dem Zweiten Weltkrieg wurde das Schloss für unterschiedliche Nutzungen vermietet. Ein Altenheim wurde eingerichtet, das allerdings 1978 in ein neues Gebäude außerhalb des Dorfes Ettersburg verlegt wurde. Anschließend stand der historische Bau jahrelang leer und verfiel zunehmend. Nach umfangreichen Sanierungsarbeiten 2005–08 wurde das Schloss

Sitz der »Bauhaus Akademie Schloss Ettersburg«, die hier Tagungen und Veranstaltungen anbietet. An Pfingsten 2011 fanden erstmals die »Jährlichen Festtage von Ettersburg« statt. Auf dem Programm standen neben klassischer Musik, Jazz und Pop auch Theaterstücke und Lesungen, die an das klassische Weimar anknüpfen.

Im Sommer 1999 schuf der Architekt Walther Grunwald anlässlich des Kulturstadtjahres mit seiner **»Zeitschneise«** durch den »Buchenwald« einen nachhaltigen Beitrag zur Erinnerungskultur: hier das Konzentrationslager Buchenwald, der Ort des Todes und der Verbrechen gegen die Menschlichkeit, dort das Jagdschloss Ettersburg, ein Ort der Weimarer Klassik und des Humanismus.

Gedenkstätte Buchenwald ♦

Die Buchenwälder auf dem Ettersberg waren seit mehr als einem Jahrhundert aufgrund der Nähe zum Schloss ein beliebtes Jagdrevier der herzoglichen Familie aus Weimar. Der junge Großherzog Carl August durchstreifte sie jagend mit seinem nur wenig älteren Freund Goethe. Goethe und Charlotte von Stein wanderten hier, mit Eckermann führte der Dichter Gespräche. Eine uralte Eiche wurde später von den Einheimischen »Goethe-Eiche« genannt. Zur Zeit des Nationalsozialismus wurde der Wald gerodet. Nur die »Goethe-Eiche« ließ man aus sentimentalen Gründen und im Hinblick auf den Eichenkult der Nazis stehen, als man hoch oben auf dem Berg das KZ errichtete. Am 24. August 1944 ging der Baum in Flammen auf. Heute ist nurmehr ein Stumpf in der Gedenkstätte zu sehen.

Am 15. Juli 1937 kamen die ersten 149 Gefangenen aus dem KZ Sachsenhausen ins Arbeitslager Buchenwald. Ende des Jahres waren es bereits 2561 Gefangene; 48 starben und wurden in dem städtischen Krematorium von Weimar eingeäschert. Das für 6000 bis 8000 Gefangene ausgelegte Lager war das drittgrößte Männer-Konzentrationslager in Deutschland. Die meiste Zeit lebten hier aber viel mehr Menschen: 1944 waren über 58 000 inhaftiert. Am 11. April 1945 wurden etwa 21 000 (davon 904 Kinder) von der 6. Panzerdivision der 3. US-Armee befreit. Zwischen Juli 1937 und April 1945 waren knapp 240 000 Menschen aus 35 Nationen in Buchenwald inhaftiert gewesen. Etwa 56 000 Menschen starben in dieser Zeit in Buchenwald und seinen Außenlagern – 34 000 davon allein in Buchenwald selbst.

Nach Kriegsende 1945 nutzten noch im gleichen Jahr die Sowjets das Konzentrationslager der Nationalsozialisten mit seiner gesamten Infrastruktur als Internierungslager, auch **»Speziallager 2«** genannt. Von August 1945 bis Februar 1950 waren hier über 28 000 Menschen inhaftiert. Über 7000 Gefangene starben und wurden in Massengräbern außerhalb des Lagers verscharrt.

Nach etwa 4 Kilometern vom Stadtzentrum führt westlich der Straße Weimar–Ettersburg eine Waldschneise nach Buchenwald. Links am Waldrand entdeckt man an einigen Stellen Tafeln mit der Warnung »Nicht betreten« – noch heute (!) vermutet man hier Munitionsreste aus der Zeit des Zweiten Weltkriegs. Wer etwa zwei Kilometer weiter geradeaus fährt bzw. geht, der stößt rechts der Straße auf das Dorf Ettersberg, eine von den Nazis gegründete Siedlung, in der die Wachmannschaften des KZ Buchenwald mit ihren Familien lebten. Wer hingegen am Colonel-Manhès-Platz mit seinem Obelisken links abbiegt, kommt zur Gedenkstätte Buchenwald. Frédéric-Henri Colonel-Manhès, heute Ehrenbürger der Stadt Weimar, war ein französischer Buchenwald-Häftling und Widerstandskämpfer. Zur Erinnerung an ihn wurde 1963 am Straßenrand des Platzes an einer Muschelkalkwand eine Bronzeplatte mit seinem Porträt und einer Inschrift angebracht.

Die KZ-Häftlinge, die 1939 die Straße zum Lager von Buchenwald bauten, nannten sie **»Blutstraße«**. Nach etwa 5 Kilometern auf der Betonstraße war einst der Bahnhof, 1943 in nur drei Monaten erbaut. Von hier aus wurden die Häftlinge über den »Carachoweg« direkt ins Lager getrieben. Links davon breitete sich die **»SS-Stadt«** mit den Wohnhäusern der SS-Familien im Stil ihrer Heimat und mit der gesamten Infrastruktur aus: die Verwaltung der bürokratischen SS-Ordnung, die Kommandostrukturen, die Kasernen der SS-Totenkopfstandarte und der Stützpunkt der Waffen-SS, der zu den größten im NS-Reich zählte (bei Kriegsende hatte Buchenwald einschließlich der Häftlinge fast genauso viele Einwohner wie die Stadt Weimar: über 62 000). Am 9. September 1937 wurde Buchenwald vom Weimarer Stadtrat offiziell als Vorort eingemeindet. Einige der Hundertschaftsgebäude von der »SS-Stadt« sind noch erhalten. Heute befinden sich darin die Besucherinformation, ein Museumscafé mit Buchhandlung, die Organisation der Gedenkstätte mit ihren wissenschaftlichen Abteilungen, die Verwaltung und Übernachtungsmöglichkeiten.

Das von Wachtürmen und elektrisch geladenem Stacheldraht umgebene **Häftlingslager** erreicht man durch das schmiedeeiserne Tor. Auf der Innenseite dieses Tores steht zynisch **»Jedem das Seine«**, ein Gedanke Platons in dem Sinne, dass der Staat dem Bürger Gerechtigkeit garantieren soll. Diesen Satz hat bereits der römische Staatsmann und Historiker Marcus Porcius Cato d. Ä. mit den Worten aufgegriffen: »Suum cuique per me uti atque frui licet« (›Soweit es an mir liegt, soll jeder das Seine nutzen und genießen dürfen‹). Geschaffen wurde die Schrift an dem Tor von einem KZ-Häftling: Franz Ehrlich, Designer und Architekt, wurde 1937 als Kommunist

Am Eingangstor zum KZ Buchenwald steht: »Jedem das Seine«. Die Turmuhr zeigt zur Erinnerung an die Ankunft der amerikanischen Befreier (11. April 1945) 15:15 Uhr an.

verhaftet und bis 1939 in Buchenwald inhaftiert. 1939–43 arbeitete er im SS-Baubüro in Berlin. Anschließend kam er bis Kriegsende zur »Strafdivision IV/999«, die als »Bewährungseinheit« nach Griechenland abkommandiert wurde. 1938 hatte Ehrlich den Auftrag erhalten, für die Inschrift »Jedem das Seine« einen Schriftzug zu gestalten. Er, der auch im Lagerwiderstand aktiv war, nutzte die Chance, geistigen Widerstand gegen die Willkür im Lager zu leisten, und realisierte eine Schrifttype nach Art der Meister des verbotenen Bauhauses, speziell in Anlehnung an seinen Lehrer Joost Schmidt.

Die Turmuhr zeigt heute zur Erinnerung an die Ankunft der amerikanischen Befreier die Zeit 15:15 Uhr. Links des Tores öffnet sich eine Tür zum **Bunker** (zum Arrestzellenbau), in dem die SS ihre Gefangenen folterte. Hier wurden u. a. der evangelische Pfarrer Paul Schneider und der katholische Priester Otto Neururer ermordet.

Geradeaus gelangt man zum großen **Appellplatz**, auf dem bis zu 20 000 Häftlinge frühmorgens und spätabends zum Zählappell zu erscheinen hatten. Dahinter, auf der immer windigen und kalten Nordseite des Ettersberges, breitet sich ein weites, leicht abschüssiges Gelände aus, auf dem einst die Baracken der Häftlinge in sechs Reihen standen, radial zum Appellplatz ausgerichtet. 1950, nach der Schließung des »Speziallagers 2«, wurden alle Baracken abgerissen. Heute ist die gesamte Lagerfläche mit Kupferschlacke abgedeckt; die Grundrisse der Baracken kennzeichnen eingelassene Steine mit Angaben der jeweiligen Blocknummer.

Auf dem Appellplatz errichteten die Überlebenden des Konzentrationslagers am 19. April 1945 ein erstes Denkmal aus Holz und leisteten ihren »Schwur von Buchenwald« gegen das nationalsozialistische Regime. Zum 50-jährigen Gedenken an diesen Schwur, am 19. April 1995, wurde eine **Gedenkplatte** von dem Künstler Horst Hoheisel und dem Architekten Andreas Knitz enthüllt. Sie besteht aus Edelmetall und wird mit Strom versorgt, damit sie stets die menschliche Körpertemperatur von 37 Grad Celsius hat. Zurückhaltende Ästhetik kennzeichnet das Mahnmal. Eine Gravur zeigt den Grundriss eines Obelisken, in dessen Mitte 56 Namen von Gefangenen verschiedener Nationalitäten, »Staatenlose und weitere unbekannte Häftlinge« verewigt sind. Den Rand der Platte ziert das Akronym »K. L. B.« für »Konzentrations-Lager Buchenwald«.

Weiter westlich ist das Gebäude der **Häftlingskantine** erhalten. Hier konnten die Häftlinge billige Waren oder Produkte, die im Lager hergestellt worden waren, kaufen. Zurück, an der Gedenkplatte vorbei, dem Zaun parallel folgend, sieht man nach etwa 200 Metern rechts außerhalb des Zauns Mauerreste eines Geheges, das einst zum **SS-Zoo** gehörte. Der Lagerkommandant Karl Koch, 1897 in Darmstadt geboren, ließ ihn für die Familien der SS, für offizielle Gäste der Kommandantur und die Familien der Wachmannschaft anlegen (später wurde Koch der Korruption bezichtigt und am 5. April 1945 von einem SS-Erschießungskommando im KZ Buchenwald hingerichtet). Die Besucher werden zwangsläufig auch die geschundenen, abgemagerten Häftlinge im Lager gesehen haben. Der kleine Zoo »SS Falkenhof« war für die Weimarer da; er erstreckte sich südlich vom heutigen Parkplatz und beherbergte u. a. Damwild, Mufflons und Fasanen.

Nur wenige Schritte von dem Zoo entfernt befinden sich die Gebäude des **Krematoriums** mit der Pathologie und den von der Firma »Topf und Söhne« aus Erfurt speziell für die Leichenverbrennung entwickelten Öfen. Das Erfurter Museum »Erinnerungsort Topf und Söhne« arbeitet die Firmengeschichte historisch auf. Im Keller des Krematoriums wurden die Leichen gesammelt und mit einem Fahrstuhl in die Ebene der Öfen befördert. An den Kellerwänden sind noch Wandhaken zu sehen, an denen die Gestapo die Gefangenen folterte und erhängte. Vor der Verbrennung wurden die Toten in der Pathologie »ausgeschlachtet«. Ihre Organe wurden der medizinischen Abteilung der Universität Jena oder anderen deutschen Universitäten überlassen, die Goldzähne brach man heraus, aus den Knochen und der Haut wurden Präparate hergestellt. In diesem Gebäudeareal befindet sich auch die **Genickschussanlage**, auch »Pferdestall« genannt (in der SS-Telefonliste war die Nr. 99 der Anlage so bezeichnet).

Weiter nördlich, leicht abwärts, gelangt man an der letzten Barackenreihe rechts zu dem Ort, wo sich einst die **Goethe-Eiche** mit ihrer mächtigen Baumkrone erhob. Die beiden großen Gebäude am nordöstlichen Rand des Lagers gehörten zur **Desinfektionsabteilung**; seit 1990 sind in den Räumen Kunstwerke der Häftlinge von Buchenwald ausgestellt. Gegenüber steht das Gebäude der ehemaligen **Effektenkammer** für Kleider und Geräte; seit 1995 ist hier eine Dauerausstellung zur Geschichte des Konzentrationslagers Buchenwald eingerichtet. Östlich des Lagers und der »SS-Stadt«, gegenüber dem einstigen Bahnhof Buchenwald, lagen die Produktionsstätten des Gustloff-Werkes II.

Am Südhang des Ettersberges erhebt sich die weiträumige, die Landschaft prägende **Mahn- und Gedenkstätte Buchenwald**, errichtet zu DDR-Zeiten als Memorialmonument vorwiegend für die antifaschistischen Widerstandskämpfer des Kommunismus. Der Bau wurde bereits 1951 beschlossen, 1955 rief ein Kuratorium zu einer Spendenaktion auf, bei der mehrere Millionen DDR-Mark gespendet wurden; zusätzlich leisteten die Bürger mehr als 7500 Arbeitsstunden zur Errichtung des Mahnmals. Für die Ausführung beauftragte die DDR-Regierung verschiedene Architekten und Künstler: den Architekten Ludwig Deiters, den Bildhauer Hans Grotewohl, Sohn des DDR-Ministerpräsidenten Otto Grotewohl, den Architekten Horst Kutzat, den Gartenarchitekten Hubert Matthes, den Landschaftsarchitekten Hugo Namslauer und den Architekten Kurt Tausendschön.

Am 13. September 1958 wurden Urnen mit »blutgetränkter« Erde aus Lidice (westlich von Prag), das nach dem Attentat auf Reinhard Heydrich am 4. Juni 1942 in Prag zerstört worden war, und Oradour-sur-Glane, nordöstlich von Bordeaux, wo eine SS-Panzerdivision am 10. Juni 1944 ein Massaker verübt, die Bevölkerung getötet und die Stadt zerstört hatte, nach Buchenwald gebracht. Diese Urnen wurden zusammen mit einer Urne, gefüllt mit der Asche von Buchenwald-Häftlingen, in einem Memorialraum des Turmes eingelassen. Am Folgetag nahmen mehr als 80 000 Gäste, 4000 davon aus dem Ausland, an der Einweihungsfeier teil.

Bauhaus-Museum Weimar (Stéphane-Hessel-Platz 1): Auf drei Etagen zeigt das Museum die Vorgeschichte, die Entwicklung und die Nachwirkungen der Lehren der Bauhauskünstler, auch anhand erstmals gezeigter Exponate von Walter Gropius, Henry van de Velde, Paul Klee, Lyonel Feininger und vielen anderen Künstlern dieser Wirkungsstätte. U. a. fast 13 000 Alltagsgegenstände aus der Sammlung Ludewig vermitteln einen guten Überblick über funktionales Design seit der Zeit der Industrialisierung bis zum Ende des 20. Jh.s. Die Frage »Wie wollen wir zusammenleben?«, die sich Architekten und Stadtplaner vor 100 Jahren schon genauso stellten wie wir heute, steht über allem und schafft den Bezug zur Lebenswelt der Besucher. Zu Gebäude und Architektur s. S. 141.

Blick in die Ausstellung des neuen Bauhaus-Museums, eröffnet im April 2019

Goethe-Nationalmuseum mit Goethes Wohnhaus (Frauenplan 1; I B2): Im Goethe-Nationalmuseum wird auf zwei Etagen eine ständige Ausstellung zu Leben und Werk Goethes gezeigt. Dazu gibt es wechselnde Sonderausstellungen zu diesen Themen. Die 18 Räume in Goethes Wohnhaus sind mit Möbeln, Gemälden, Handzeichnungen, Skulpturen, Majoliken und anderen zeitgenössischen Gegenständen aus den letzten Lebensjahren Goethes eingerichtet. Besonders sehenswert sind Goethes authentisch eingerichtetes Arbeitszimmer und seine Bibliothek. Zu Gebäude und Architektur s. S. 134.

Goethe- und Schiller-Archiv (Hans-Wahl-Straße 4; I C1): ♦ Das Archiv besitzt neben den umfangreichen Werken von Goethe und Schiller auch die Nachlässe von Friedrich Justin Bertuch, Ferdinand Freiligrath, Friedrich Hebbel, Johann Gottfried Herder, Karl Ludwig von Knebel, Otto Ludwig, Johann Heinrich Meyer, Friedrich von Müller, Fritz Reuter, Friedrich Wilhelm Riemer u. v. a.

Graphische Sammlungen (Frauenplan 1 im Goethe-Nationalmuseum; I B2): Die Sammlungen der Klassik-Stiftung verfügen über mehr als 230 000 Werke europäischer Künstler des 15. bis 21. Jh.s. Sie können nur gegen Voranmeldung von Dienstag bis Freitag besucht werden.

Haus Hohe Pappeln (Wohnhaus von Henry van de Velde; Belvedere-Allee 58 / Papiergraben; II): Die Besichtigung umfasst den wunderschönen Garten und den Wohnbereich van de Veldes im Erdgeschoss mit Einrichtungsgegenständen seiner Zeit. Zu Gebäude und Architektur s. S. 169.

Liszt-Museum (Liszts Wohnhaus; Marienstraße 17; I C3): Das Liszt-Haus vermittelt dem Besucher mit den sorgfältig restaurierten Möbeln, den Textilien und Draperien einen lebendigen Eindruck von den gutbürgerlichen Wohnverhältnissen Liszts während der Gründerzeit. In der Beletage befindet sich der Musiksalon, in dem Liszt seinen Schülern auf dem Bechstein-Flügel und dem Ibach-Klavier Unterricht gegeben hat. Im Erdgeschoss informiert eine mediale Dauerausstellung über Leben und Wirken dieses Musikers. Zu Gebäude und Architektur s. S. 159.

Museum für Ur- und Frühgeschichte (Humboldtstraße 11; I B3): Die Ausstellung führt bis 400 000 Jahre zurück, stellt den Beginn der Sesshaftwerdung in Thüringen dar (Neolithische Revolution) und zeigt an Schautafeln und Exponaten den Beginn technischer Entwicklungen und des Hausbaus sowie erste Kunstwerke der Menschen.

Neues Museum (Jorge-Semprún-Platz 5; II): Das Museum war lange vor allem für seine sechzehn Wandgemälde des Malers Friedrich Preller d. Ä. bekannt, die die Episoden aus Homers *Odyssee* zum Inhalt haben. Obergeschoss Nordseite, links der westlichen Tür: Abzug von Troja (diese Szene ist bei Homer nicht überliefert); rechts der westlichen Tür: Kampf mit den Kikonen (mythologisches Volk in Thrakien); Abzug aus der Höhle des Polyphem von Sizilien; Abfahrt vom Land der Kyklopen; Heimkehr des Odysseus von der Jagd; Verwandlung der Gefährten (in Schweine) durch Kirke; der Götterbote Hermes überreicht Odysseus das Zauberkraut Moly (mit dem er sich von Kirke befreien kann); Odysseus lauscht in der Unterwelt den Weissagungen des Sehers Theresias; Odysseus, an den Schiffsmast gebunden, lauscht dem verheerenden Gesang der Sirenen; die Gefährten des Odysseus rauben die Rinder des Sonnengottes Helios; wehmütiger Abschied von Kalypso, bei der Odysseus Jahre verweilte; der schiffbrüchige Odysseus wird durch den Schleier der Meeresgöttin Leukothea gerettet; Odysseus erbittet Hilfe von Nausikaa, der Tochter von Alkinoos, König der Phäaken (auf der Insel Korfu); Odysseus kehrt (schlafend) nach Ithaka zurück. Links der östlichen Tür: Odysseus trifft den Schweinehirten Eumaios auf seiner Heimatinsel Ithaka; rechts der östlichen Tür: Odysseus trifft seinen Vater

Die Prellergalerie (1868/69) greift im 16-teiligen Bildzyklus die von Homer geschilderten Irrfahrten des Odysseus auf. Das Bild zeigt Odysseus in einem Gebüsch (rechts), der Prinzessin Nausikaa (links stehend) vom Königreich der Phäaken (Insel Korfu) um Hilfe bittet.

Laertes. Auffallend ist, dass Preller die Lichtführung der beiden letzten Bilder den Lichtverhältnissen der Galerie angepasst hat.

Seit 2019 ist das Neue Museum Teil des »Quartiers Weimarer Moderne« rund um das Bauhaus-Museum, mit einer Dauerausstellung mit dem Titel »Van de Velde, Nietzsche und die Moderne um 1900«. Gezeigt werden herausragende internationale Werke des Realismus, Impressionismus und des Jugendstils, darunter Werke der Weimarer Malerschule und der von Harry Graf Kessler geförderten Avantgarde von Claude Monet bis Max Beckmann sowie Designobjekte Henry van de Veldes. Zur Architektur des Museumsbaus s. S. 141.

Nietzsche-Archiv (Humboldtstraße 36; II): Höhepunkt der Besichtigung ist das Gesamtkunstwerk der Inneneinrichtung von Henry van de Velde. Alle hölzernen Einbauten, Bodenbeläge, Lampen und Stoffe wurden von ihm entworfen. Im Bibliotheksraum steht die marmorne Nietzsche-Herme von Max Klinger. Die Exponate im Speisezimmer dokumentieren die widersprüchliche Geschichte dieses Hauses und die Rolle von Nietzsches Schwester Elisabeth Förster-Nietzsche. Zu Gebäude und Architektur s. S. 146.

Parkhöhle (Park an der Ilm, nur wenige Schritte hinter dem Liszt-Haus): Der Streifzug durch 200 000 Jahre Erd- und Menschheitsgeschichte führt in ein unterirdisches Stollensystem, das von Carl August 1794/96 für Brauchwasser einer geplanten Brauerei angelegt wurde und an der Felsentreppe am Ilmufer endet. An den Stollenwänden sind Pflanzen- und Tier-Fossilien zu sehen.

Schillers Wohnhaus und Schiller-Museum (Schillerstraße 12; I B2): Schillers Wohnhaus ist mit authentischen Möbeln und Kunstwerken eingerichtet. Atmosphäre und Lebensumstände, Zeitgeschmack und bürgerliches Wohnen Schillers können in diesen Räumen nachempfunden werden. Im Schiller-Museum werden seit 2006 auf 400 m² Wechselausstellungen zu Leben und Wirken des Dichters gezeigt. Zu Gebäude und Architektur s. S. 127.

Schlossmuseum im Stadtschloss (Burgplatz 4; I C1/2): Das Schlossmuseum ist seit 2018 für voraussichtlich fünf Jahre zu Restaurierungszwecken geschlossen. Eine Neukonzeption der Ausstellung der Exponate vom Mittelalter bis zur Moderne um 1900 ist nicht vor 2022 zu erwarten – darunter auch die berühmte Cranachgalerie mit Werken verschiedener Künstler der altdeutschen Malerei sowie Werke von Max Beckmann, Caspar David Friedrich, Auguste Rodin und Johann Heinrich Wilhelm Tischbein. Außerdem umfasst die Sammlung den

Das Stadtschloss. Teile des Torbaus stammen aus der Zeit um 1450, der untere Teil des Turms aus dem 12./13. Jh.

Brautschatz von Maria Pawlowna, Porzellane verschiedener Manufakturwerkstätten Europas und Exponate der Weimarer Malerschule.

Stadtmuseum (Karl-Liebknecht-Straße 5–9; I B1): Das Stadtmuseum befindet sich in dem Wohn- und Geschäftshaus des Verlegers Friedrich Justin Bertuch, eines Zeitgenossen von Goethe. Das klassizistische Gebäude stammt aus der Zeit 1780–1803. Die Bestände umfassen heute umfangreiche Privatsammlungen. Zu den Nachlässen gehören u. a. Werke der Weimarer Fotografen Louis Held und Ella Beyer-Held, des Malers Gustav Hermann Hamann sowie des Verlegers Hermann Böhlau. Jeden zweiten Mittwoch im Monat werden Vorträge zu unterschiedlichsten Themen geboten.

Weimar-Haus (Schillerstraße 16): Das »Weimar-Haus« ist ein privates Museum, das den Besucher in die Zeit und Geschichte der Weimarer Klassik einführt – einprägsam und auf das Wesentliche reduziert. Rundumkulissen, Wachsfiguren aus den Werkstätten von Madame Tussauds und Spezialeffekte machen die Geschichte der Stadt erlebbar, Raum für Raum, Szene für Szene.

Anhang

Weiterführende Informationen

Literaturhinweise

Berger, Jochen: Der Musenhof Anna Amalias. Köln 2001.

Beyer, Jürgen / Jürgen Seifert: Weimarer Klassikerstätten. Geschichte und Denkmalpflege. Bad Homburg / Leipzig 1997.

Biedrzynski, Effi von: Goethes Weimar. Zürich 1992.

Drews, Jörg: Johann Gottfried Seume 1763–1810. Ein politischer Schriftsteller der Spätaufklärung. Ausstellungskatalog. Bielefeld 1989.

Föhl, Thomas / Antje Neumann: Henry van de Velde. Das Haus Hohe Pappeln. München 2003.

– / Michael Siebenbrodt: Bauhaus-Museum Weimar. München/Berlin 2006.

Gellhaus, Axel / Norbert Oellers: Schiller. Bilder und Texte zu seinem Leben. Köln 2004.

Günther, Gita-Maria: Weimar. Eine Chronik. Leipzig 1996.

– / Wolfram Huschke / Walter Steiner: Weimar. Lexikon zur Stadtgeschichte. Weimar 1998.

Günzel, Klaus: Das Weimarer Fürstenhaus. Zürich 2004.

Güse, Ernst-Gerhard: Die Wahrheit hält Gericht. Schillers Helden heute. Ausstellungskatalog. Weimar 2005.

– / Michael Siebenbrodt: Lyonel Feininger in Weimar. Weimar 2006.

Hemmann, Paul [u. a.]: Die Brunnen in Weimar. Geschichte und Geschichten zum Entstehen, dem teilweisen Verfall und dem Wiederingangsetzen der Laufbrunnen in Weimar. Weimar 1990.

Holste, Heiko: Warum Weimar? Wie Deutschlands erste Republik zu ihrem Geburtsort kam. Köln/Weimar/Berlin 2018.

Huschke, Wolfram: Musikort Weimar. Begegnungen von Luther bis Liszt. Köln/Weimar/Wien 2017.

Jaeger, Michael: Global Player Faust oder Das Verschwinden der Gegenwart. Zur Aktualität Goethes. Berlin 2008.

Klauß, Jochen: Weimar. Stadt der Dichter, Denker und Mäzene. Zürich 1999.

Klein, Sven Michael: Das Haus Sachsen-Weimar-Eisenach. Werl 2011.
Lautenbach, Ernst: Lexikon Goethe Zitate. München 2004.
– Der grüne Goethe. München 2011.
Merseburger, Peter: Mythos Weimar. Zwischen Geist und Macht. München 2010.
Möbus-Schmidt, Friederike / Frank Möbus: Kleine Kulturgeschichte Weimars. Köln 1998.
Mommsen, Katharina: Goethe und die Arabische Welt. Frankfurt a. M. 1988.
– Goethe und der Islam. Frankfurt a. M. 2001.
Müller, Rainer: Kulturdenkmale in Thüringen. Stadt Weimar 4.1 und 4.2. Erfurt 2009.
Rehm, Walther: Griechentum und Goethezeit. Geschichte eines Glaubens. München 1936/1968.
Riedel, Manfred: Nietzsche in Weimar. Ein deutsches Drama. Leipzig 2000.
Safranski, Rüdiger: Goethe & Schiller. Geschichte einer Freundschaft. München 2009.
Salentin, Ursula: Anna Amalia. Wegbereiterin der Weimarer Klassik. Köln 2001.
Schley, Jens: Die Stadt Weimar und das Konzentrationslager Buchenwald (1937–1945). Aspekte einer Nachbarschaft. Magisterarbeit, Humboldt-Universität Berlin 1997.
Schultheiß, Michael / Julia Roßberg: Weimar und die Republik. Geburtsstunde eines demokratischen Deutschlands. Weimar 2009.
Schulze, Ingrid: Lucas Cranach d. J. und die protestantische Bildkunst in Sachsen und Thüringen. Jena 2004.
Schuster, Gerhard / Caroline Gille: Wiederholte Spiegelungen. Weimarer Klassik. Ständige Ausstellung des Goethe-Nationalmuseums. München/Wien 1999.
Semprun, Jorge: Schreiben oder Leben. Frankfurt a. M. 1997.
– Was für ein schöner Sonntag. Frankfurt a. M. 2008.
Stade, Heinz: Unterwegs zu Schiller. Berlin 2005.
Stein, Harry: Konzentrationslager Buchenwald 1937–1945. Göttingen 2004.

Ulferts, Gert-Dieter: Maria Pawlowna. Zarentochter am Weimarer Hof. Ausstellungskatalog. München/Berlin 2004.
Wilderotter, Hans / Michael Dorrmann: Wege nach Weimar. Auf der Suche nach der Einheit von Kunst und Politik. Ausstellungskatalog. Erfurt 1999.
Wilpert, Gero von: Goethe-Lexikon. Stuttgart 1998.
Winkler, Heinrich August: Weimar 1918–1933. Die Geschichte der ersten deutschen Demokratie. München 2018.

Internetseiten

Allgemeine Informationen über Weimar

www.weimar.de
www.weimar.city-map.de
www.weimar-tourist.de

Kulturseiten

www.anna-amalia-bibliothek.de
www.hfm-weimar.de (Hochschule für Musik Franz Liszt Weimar)
www.klassik-stiftung.de
www.nationaltheater-weimar.de
www.west-oestlicher-diwan-weimar.de

Museen

http://alt-thueringen.de/https://stadtmuseum.weimar.de
www.weimarer-republik.net
www.klassik-stiftung.de/einrichtungen/museen (mit Infos zu: Neues Museum, Nietzsche-Archiv, Goethe- und Schiller-Archiv, Goethe-Nationalmuseum und -Wohnhaus)
www.weimar.de/kultur/sehenswuerdigkeiten/museen-in-weimar/kunsthalle-harry-graf-kessler/

Sonstiges

www.buchenwald.de
www.klassik-stiftung.de/einrichtungen/schloesser-und-gaerten/fuerstengruft/
www.ek-weimar.de/kirchen/jakobskirche.html
www.ek-weimar.de/kirchen/stadtkirche.html
www.herzjesu-weimar.de

Nachweis der Karten und Abbildungen

Klaus Gallas: S. 47, 65, 69, 77, 97, 108, 115, 120, 128, 145, 157, 173, 190, 197, 199; Klassik Stiftung Weimar: S. 101; Klaus Kühner, Hütten-Werke: Karten in den Umschlagklappen; Klaus Nerlich: S. 150 f.; picture alliance / Martin Schutt / dpa-Zentralbild / dpa: S. 194; picture alliance / Martin Schutt / dpa-Zentralbild / ZB: S. 142.

Der Verlag Philipp Reclam jun. dankt den Rechteinhabern für die Reproduktionsgenehmigung. Nicht nachgewiesene Abbildungen entstammen dem Archiv des Verlags. In einigen Fällen konnten die Rechteinhaber nicht ermittelt werden. Hier ist der Verlag bereit, nach Anforderung rechtmäßige Ansprüche abzugelten.

Register

Zum Autor

KLAUS GALLAS studierte an der TU und der LMU in München Architektur, Archäologie, Ägyptologie und Byzantinische Kunstgeschichte. Er promovierte an der TU Berlin mit einem Thema zur byzantinischen Architekturgeschichte der Insel Kreta. Ab 1972 Tätigkeit als Journalist, TV- und Buchautor, Lehrbeauftragter an der LMU in München. Er unternahm ausgedehnte Auslandsaufenthalte, Forschungs- und Bildungsreisen in den Vorderen Orient und im Mittelmeerraum.

Klaus Gallas lebt und arbeitet in Weimar. Am 10. Juli 2008 gründete er die gemeinnützige GmbH »West Östlicher Diwan Festival Weimar«. 2009 organisierte er als Künstlerischer Leiter das Iran-Festival, 2010 folgte das Marokko-Festival mit einer Konzertreise in Rabat, Marrakesch, Fes und Casablanca. 2010 wurde auf seinen Antrag hin der Hafez-Gedenktag (12. Oktober) in die »offizielle Projektliste der UNESCO zum Internationalen Jahr für die Annäherung der Kulturen« aufgenommen.